박효진 에세이

액자 속 사진처럼

저자 박효진

연세대학교 의과대학 의학과 학사(1985), 석사, 박사 학위를 취득하고, 영국 런던 세인트 막스 병원(1993~94), 미국 아이오와 대학 교환교수(1998~2000)를 거쳐, 현재 강남세브란스병원 교수 및 내과 부장으로 재직 중이다.

병원 내 보직으로 교육수련부 부장, 부학장, 대장암 클리닉팀장, 소화기내과장, 건강검진센터 소장, 암병원 원장을 역임했다.

학회 활동으로는 한국 평활근학회 회장(2006~08), 대한소화기기능성질환·운동학회 회장(2011~13)과 아시아 소화관운동학회 회장(2017~20)을 역임하였으며, 'EBS, 식도 및 위 질환에 대한 명의'로 두 차례(2015, 2021) 선정되었다.

저서로는 시·수필집 '추억으로의 여행(2025)', '내 마음의 행로(2013)', '잘 먹고 잘 싸기(2017)', '겨울에 피는 꽃(2018)', '여백을 위한 서정(2020)', '여행하고 사랑하며(2020)' '매주 이별하는 그대(2020)'외 전문 서적으로는 '소화관운동질환', '소화관운동질환 아틀라스', '호산구 식도염', '변비의 식사 요법', '소화기 생리 및 중개연구의 길잡이' 등이 있다.

머리글

　서재 책상 위에는 젊은 시절 일본 어느 여행지에서 아내와 함께 찍은 조그마한 사진 액자가 놓여 있습니다. 때때로 액자 속 사진을 보며 추억을 인화하듯, 함께 했던 시간들을 회상하며 추억으로의 여행을 떠나곤 합니다.
　밝고 환한 사진 속 모습 같은 삶의 조각들과 스쳐 지나가는 일상을 붙잡고 의미를 찾으며, 가슴을 뛰게 했던 일들을 기억의 서랍 속에 저장해두었다가 틈나는 대로 꺼내어 글로 옮겼습니다. 책 제목도 '액자 속 사진처럼'으로 붙여 보았습니다.

　액자 속 젊은 모습과는 달리, 이제는 정년퇴임을 1년 앞둔 초로의 나이가 되었습니다. 그 시간동안 빛과 색은 바랬지만 안으로 진하게 새겨지는 나이테처럼, 주위와 잘 어울리는 오래된 가구처럼, 드러나지 않게 나에게 스며들어 은은하게 사람 내음을 풍기며 인생 후반기를 살아가고 싶습니다.

　'예술은 예술가의 눈을 빌어 자연이 숨겨둔 아름다움을 발견하는 체험이다'라는 말과 같이, '내 마음의 행로'에서는 음악, 미술, 건축 감상과, 여행 등의 체험을 통해서 예술가와 주파수를 맞추고 그가 느꼈던 사유와 소회를 함께 느껴보고 싶었습니다. 본업이 아닌 분야라는 핑계로 서툴고 얕은 지식을 변명하며, '깊이'보다는 '넓이'를 찾아보고자 했습니다. '미미탐구'는 지난 2년간 잡지에 기고한 맛집 탐방 후기를 정리해 보았고, 뒷부분에는 자연, 사랑 그리고 영혼을 주제로 한 시 몇 편을 담아보았습니다.

끝으로 글의 첫 번째 독자가 되어 거친 글을 다듬어 주며, 인생의 여정을 함께 즐기고 있는 영원한 소울 메이트, 사랑하는 아내 영미에게 이 책을 바칩니다.

2024년 4월

박 효 진

차례

Ⅰ. 내 마음의 행로

미술

말린 꽃 (Dry Flower) _____ 17
우주를 피운 나무 _____ 19
아! 권진규 선생… _____ 22
변신과 도전의 예술인 _____ 25
강렬하지만 절제된… _____ 28
거짓말과 피노키오 _____ 31
Blue Rose _____ 34
길양여의 (吉羊如意) _____ 37
오리 유정有情 _____ 40
진사辰砂 도자기와의 만남 _____ 43
홍콩 아트 투어 Hong Kong Art Tour _____ 46
난해하고 불편한 현대 미술 _____ 50
필자가 피서하는 법 _____ 53
백남순과 나혜석 _____ 56
지존고원 (志存高遠) _____ 60
SF Museum of Modern Art (MOMA) _____ 62
렘브란트의 '돌아온 탕자' _____ 66
오주석의 서재 _____ 69

음악

라흐마니노프 피아노 협주곡 2번 _____ 75
서울 팝스 오케스트라에 찬사를 보내며 _____ 78
안젤라 게오르규! _____ 82
모차르트와 피가로의 결혼 _____ 84
'자유'와 '즉흥', 그리고 'Swing' _____ 86
빈 필하모닉 (Wiener Philharmoniker) 오케스트라 _____ 89
재즈 카페 '야누스' _____ 92
뮤지컬 '베토벤' _____ 94
슈베르티아데 _____ 97
윈튼 마샬리스 (Wynton Marsalis) _____ 100
이자람 판소리 '이방인의 노래' _____ 103
문화 공간 '봄 (Bomm)'에서 느낀 감흥 _____ 106
서울 팝스 오케스트라 창단 34주년 기념 음악회와 향수(鄕愁) __ 108
피아졸라, 바흐를 만나다 (Piazzolla Meets Bach) _____ 111

건축

자연미를 추구한 건축가 _____ 117
오래된 가구처럼 _____ 120
중남미 문화원에서⋯ _____ 122
어떤 작별 _____ 125

여행

조계산 송광사 가는 길 _____ 129

Sonoma Valley Winery Tour _____ 132
루마니아 부쿠레슈티 _____ 138
벌교 여행 _____ 140

기타

마로니에 _____ 145
아버지……. _____ 148
한여름 저녁 야구 경기를 직관하며 _____ 150
러브 레터 Love letter _____ 152
정원 가꾸기 _____ 155

II. 미미탐구

지중해식 요리 _____ 159
해녀의 부엌 _____ 163
고기리 막국수 _____ 166
For Lovers Only _____ 168
우동의 맛 _____ 171
오스트레일리아Australia 음식 기행 2022 _____ 173
묘미 妙味 레스토랑 _____ 178
몬안베띠 _____ 181
히츠마부시 _____ 183
목도 양조장을 아시나요? _____ 185
감자적 1번지 _____ 188
한여름 보양식 _____ 190
해남 천일관 _____ 193
베이글 _____ 196

Ⅲ. 시

플라타너스 예찬 ——————————————— 201
제라늄을 위하여 ——————————————— 202
고라니에게 ——————————————— 203
오륙도 (五六島) 산책길에서 ——————————————— 204
박수근 선생의 '나무와 두 여인'을 감상하며 ——————————————— 206
장맛비 풍경 ——————————————— 208
잘 생긴 모과 ——————————————— 209
동백꽃 ——————————————— 211

I. 내 마음의 행로

미술

말린 꽃 (Dry Flower)

어느 날 아내가 지인 자녀의 결혼식장에서 받아 온 꽃을 거꾸로 매달아서 며칠간 자연 건조 시키더니, 클라우드 모네(Claude Monet)의 지베르니(Giverny) 정원에서 본 듯한 아름다운 한해살이 꽃을 여러해살이(?) 꽃으로 만드는 신공(神功)을 펼쳤다.

분홍색과 보라색 꽃이 섞여 있는 말린 꽃을 아내가 빚은 달항아리에 꽂으니, 도천 도상봉 선생의 작품 소재 같은 느낌이 든다.

프로이트(Sigmund Freud)는 "하루만 피는 꽃이 있다면, 그 꽃은 한층 화려하게 보일 것이다"라고 하며 아름다움은 영원하지 않기에 더 가치가 있다고 했는데, 시간을 절여서 말린 꽃은 생화처럼 화려하지는 않지만, 빛바랜 색감과, 거실 한 켠에 다소곳하게 자리 잡은 자태에 진중하고 기품 있는 느낌이 든다.

말린 장미의 꽃말은 '시들지 않는 사랑'이라고 하는데, 거실 스탠드의 간접 조명을 받으니, 작고 동그란 꽃잎 조각들은 제각각 보석처럼 반짝이고, 창문을 활짝 여니 풋내 나는 봄바람에 다시 생명을 얻은 듯 '시들지 않은' 꽃잎들은 보송보송해지며 파스텔 톤의 색과 향을 뿜어낸다.

봄부터 겨울까지, 집안의 말린 꽃들은 집주인의 관심 속에 피고 지기를 잇대며 서로의 아름다움을 소리 없이 다툴 것 같고, 필자는 회화보다 물성의 느낌이 더 나는 이들을 마냥 즐길 따름이다.

우주를 피운 나무

 병원 3층 회의실로 가는 복도 벽에는 사전가(絲田家) 허동화(許東華, 1926~2018) 선생의 작품 '우주를 피운 나무(108X202cm, 2013작)'가 걸려 있다. 선생의 아호(雅號)가 사전가(絲田家)라서 사전(絲田)의 뜻을 찾아보니, 실처럼 가늘고 구불구불한 논두렁 밭두렁 길이라고 한다.

 선생은 부인 박영숙(1932~) 여사와 함께 지난 50여 년간 한국의 자수와 보자기를 수집하고 정리하면서 많은 관련 저서를 남긴 분이다. 1976년 한국자수박물관을 설립한 그는 미국, 프랑스, 일본 등 세계 11개국에서 55회의 한국 자수와 보자기 전시회를 개최하여 한국의 독창적이고 아름다운 전통 자수와 보자기 문화를 알리는 데에 큰 공헌을 하였다.

수집가로서 일생을 살아온 선생은 고희를 넘기면서 아크릴 물감으로 그림을 그리거나, 버려진 농기구를 이용한 오브제와 콜라주 기법으로 작품 활동을 하기도 하였는데, '우주를 피운 나무'가 그중 한 작품인 것이다. 그동안 그림과 제목의 의미가 무엇인지 궁금해 했는데, 지난주 그 분의 사위이자 연세 의대 동문인 피부과 김동건 원장이 선물한 '도자기 할배, 허동화(허동화 저, 정병모 편)'라는 책을 읽고 나서 이해가 되었다.

책에는 '자수 나무 보자기'에 수놓은 나무는 여느 나무가 아니라, 우주 나무다. 해도 열고, 달도 열고, 별도 여는 나무이다' 라는 글이 나온다. 그러고 보니, 그림에는 해, 달, 그리고 별들이 나뭇가지에 걸려 있다.

자수와 보자기를 수집하고 그 의미를 정리한 그는 '보따리를 풀었을 때는 정착과 안식을, 꽁꽁 묶었을 때는 떠남과 이동을 의미한다'고 말한다. 어릴 적 고향 길거리에서 똬리를 받친 머리에 꽁꽁 묶은 보따리를 이고 빠른 걸음으로 스쳐 지나갔던 몸빼 입은 아지매들의 뒷모습이 소환되었다.

책을 읽고 나니, 어릴 적 밥상 위 음식을 덮어두었던 조각보도 생각이 났고, 그동안 무심했던 삼인옥 안방의 학과 소나무 자수 병풍에서는 여백에 한땀 한땀 수를 놓았던 어느 이름 모를 장인의 노력과 수고가 마음으로 전해졌다.

아무도 관심 갖지 않았던 아름다운 우리의 문화유산인 자수와 보자기를 수십 년 동안 수집, 정리 그리고 연구한 선생의 혜안과 열정이 존경스럽다. 소장품 5천여 점을 서울 공예박물관에 기증하셨기에 이번 주말에는 안국동에 있는 박물관에 가보고 싶다.

아! 권진규 선생…

　회화 작품에 비해서 조각 작품은 접할 기회가 흔하지 않고 작가의 작품 세계를 잘 알지 못하는 경우가 많은데, 수년 전 한가람 미술관에서 만났던 알베르토 자코메티(Alberto Giacometti)의 '걸어가는 사람'을 보고 받은 강렬한 느낌은 잊을 수 없다. 가늘고 기다란 형상으로 고독하게 '걸어가는 사람'이 갖는 삶의 무게와 고통과 슬픔이 필자의 마음에 오롯이 전달되었기 때문이다.

　지난 주말 서울시립미술관에서 개최된 '권진규(1922-73) 탄생 100주년 기념-노실의 천사(Angel of Atelier)'란 전시회를 찾았다. 선생은 해방 후 일본 무사시노 미술학교에서 '활 쏘는 헤라클레스'로 유명한 프랑스 조각가 앙트완 부르델(Emile Antoine Bordelles, 1861-1929)의 제자인 시미즈 타카시(1897-1981)의 지도로 조각을 본격적으로 공부했는데, 눈에 보이는 사물 너머 존재하는 본질을 추구했다는 점에서 대상의 비본질적인 요소를 걷어낸 자코메티의 작품 세계와 닿아 있는 느낌이 들었다.

　대표작인 '지원의 얼굴'을 제작한 그를 '흙으로 본질과 영원을 추구한 집념의 예술가'라고 표현하였는데, 테라코타와 건칠로 제작한 그의 작품들은 슬픔과 고난, 그리고 고달팠던 현실에 부딪치면서 느끼는 희로애락이 담겨 있었다. 가난과 열악한 환경 그리고 자신의 작품을 인정받지 못하는 현실에 상처를 받고 오십을 갓 넘긴 비교적 젊은 나이에 스스로 생을 마감한 그의 자소상을 보며, 빈센트 반 고흐(Vincent Van Gogh)의 삶과 유사한 점들을 연상하며 가슴이 먹먹해졌다.
　또 하나의 대표작 '손' 앞에서는 필자를 포함한 여러 관람객들이 손을 뻗쳐 같은 자세를 만들어 보았는데, 역동적인 느낌의 손을 받치고 있는 전완(forearm) 근육의 섬세한 묘사에 더 눈길이 갔다.
　초라해 보인다는 이유로 주문자로부터 퇴짜를 맞았다고 하는 '십자가 위 그리스도'는 작품 밑에서 올려다보니, 고통으로 일그러진 얼굴 표정이 아니라 숭고하고 편안한 느낌이 든다. 정면에서 보는 평면적인 그림을 보는 것과는 다른 감동이 솟아오른다.

　프랑스 화가 조르주 브라크(Georges Braque, 1882-1963)는 "예술가를 생각나게 하는 작품이 있는가 하면, 인간을 생각하게 하는 작품이 있다"고 말했는데, 권진규 선생의 작품은 둘 다 해당되는 것 같고, 전시회를 찾은 수많은 관람객들도 필자의 생각에 동감하리라 믿어 의심치 않는다.

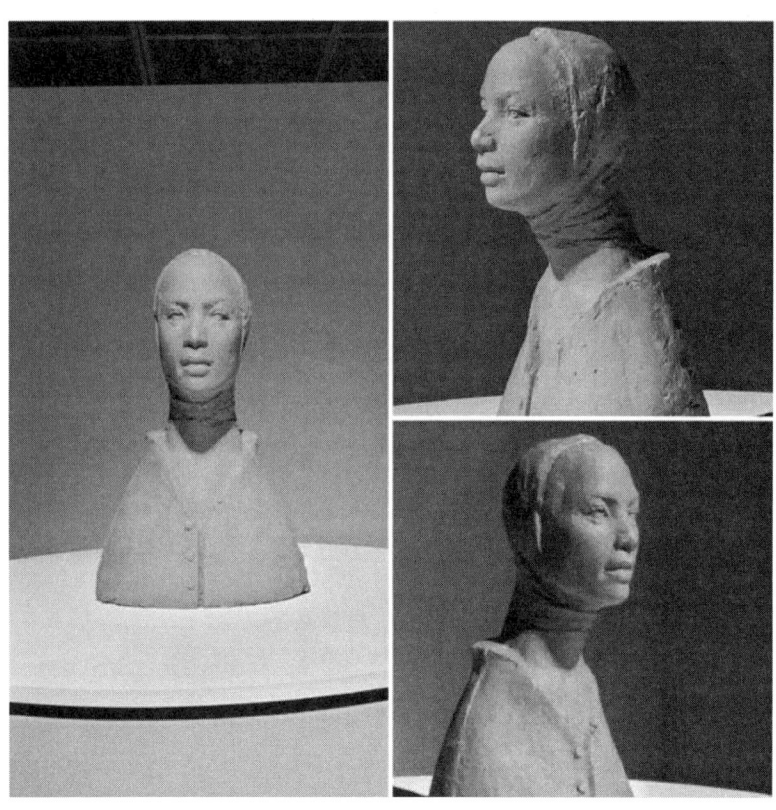

변신과 도전의 예술인

지난 주말 대전에서 개최된 학회 참석 후 인근의 이응노 미술관을 찾았다. 그가 프랑스에서 활동했던 시절의 '콜라주'(Collage)와 '문자 추상' 작품들을 '파리의 마에스트로'란 제목으로 기획 전시 중이었다. 고향 부산역 대합실에서 출구로 나가는 계단 전면에는 이응노 선생의 '군상' 작품과 함께 미술관을 소개하는 큰 광고판이 부착되어 있어서 가끔 접할 수 있고, 평소 선생의 인생 역정과 다양했던 화풍을 어렴풋이 알고 있었기에 기회가 되면 그를 작품으로 다시 만나고 싶었다.

고암(顧菴) 이응노(李應魯, 1904-1989) 선생은 20대 시절에는 영친왕의 서예 스승이었던 해강 김규진 선생 밑에서 동양화와 대나무 그림을 배웠고, 1930년대 일본 유학을 가서 동양화와 서양화를 접목한 크로스오버 화풍을 그려내었다. 1950년대 말 프랑스에 정착해서는 독창적인 콜라주 기법의 작품을 선보이며 명성을 쌓아가게 되었고, 1970년대부터는 한자와 한글을 이용한 추상 작품인 '문자 추상'이란 독보적인 작품 세계를 구축하게 되었다. 문자를 해체하고 재구성한 작품을 보고 있으면, 피카소(Pablo Picasso)의 작품 '계단을 내려오는 나부'가 연상되기도 했다.

그의 '변신과 도전'은 여기서 멈추지 않고, 1980년 광주 민주화 운동 소식을 접하면서 '자유와 평화'를 염원하는 '군상' 연작들을 발표하게 되었다.

예술인 중 국내보다 해외에서 더 알려지고 인정받았던 분으로 음악가 윤이상 선생과 화가 이응노 선생이 대표적이 아닐까 한다.

그는 한국 전쟁 때 납북된 아들이 북한에 생존해 있고, 아들을 만나게 해주겠다는 전갈을 받고 동베를린 북한 대사관을 방문했다는 이유로 1967년 '동백림 사건'에 연루되어 2년 반 동안 옥고를 치르게 되었다. 또한, 1977년 백건우·윤정희 씨 납치 미수 사건에 선생의 부인이 연루되어, 이후 십 수 년간 국내에서는 선생의 그림에 대한 소개와 매매는 일절 금지되었다. 남북 분단과 반공 이데올로기가 굳건했던 국내의 정치적인 상황으로 인하여 '경계인'의 삶을 살았던 선생의 '도전과 변신'은 어쩌면 '선택'이 아닌 '숙명'이었을지도 모르겠다.

수채화의 한 폭 같아서 느낌표와 감탄사가 마음 속에서 무성할

10월 즈음에, 예산 수덕 여관에 가서 그가 새겨놓은 암각화를 보고 싶고, 세월과 시대를 넘어 전달되는 그의 향을 느끼며 함께 걸어 보고 싶다.

강렬하지만 절제된…

약 30년 전 유영국 선생(1916~2002)의 산과 나무숲을 모티브로 제작한 판화 추상 작품을 집 근처 화랑에서 구입하여 외래 진료실에 부착하면서 그와의 인연(?)이 시작되었다. 또한, 2016년 모 은행에서 선생의 그림을 달력 한정판으로 제작하여 VIP들에게 배포하였는데, 운 좋게 입수하여 그해 내내 선생의 독특하고 창의적인 표현과 절제된 구도를 즐겁게 감상한 적이 있었다.

지난달 국제 갤러리에서 작고 20주년 기념으로 'Colors of Yoo Youngkuk'라는 기획 전시를 하여서, 선생을 기억하고 사랑하는 많은 관람객들 틈 사이로 그를 다시 만났다.
"산에는 뭐든지 있다. 봉우리의 삼각형, 능선의 곡선, 원근의 단면, 다채로운 색……."이라고 말하는 경북 울진 태생의 그는 태백산맥의 능선과 동해바다, 나무, 숲, 초록 들판 등 한국의 자연을 그만의 독특한 점, 선, 면, 형 그리고 색으로 표현하였는데, '한국의 미'

를 캔버스에 담아냈다는 점에서 장욱진, 이중섭, 그리고 손동진 선생의 작품 세계와 일맥상통하지 않을까 한다.

"색채는 균형과 하모니를 이루도록 구성해야 한다"고 말하는 그는 강렬한 원색의 대비와 절제된 구성이라는 작품 세계로 한국 추상 미술에 큰 획을 그었고, 현재의 미술 사조에도 적지 않은 영향을 미쳤을 것 같다.

그는 61세에 심근 경색을 앓고 심장 박동기를 달았다고 하며, 그 이후 86세로 타계할 때까지 수십 차례 병원 생활을 하였다고 한다. 오랜 기간 병고를 치르면서도 붓을 놓지 않았는데, 그의 선과 면은 차츰 부드러워지고 형과 색은 아름다워졌다고 한다.

작고 20주년 기념전을 관람한 후, 그동안 보관해 온 달력을 액자에 넣어 산과 자연을 모티브로 한 열두 가지 조형 미학으로 교수실 라운지 벽면을 화려하게(?) 채웠다.

'한국의 미'를 추구한 추상 작품들을 감상하는 모든 분들이 그의 '창의'와 '자유'의 작품 세계에 빠져들고 공감 하리라 기대해 본다.

거짓말과 피노키오

어릴 적 읽었던 소설 피노키오(Pinocchio)의 줄거리는 기억이 나지 않지만, 거짓말을 하면 코가 길어진다는 내용으로 재미있게 조바심 내며 읽었던 기억이 난다. 지난 9월 코엑스에서 개최된 KIAF에서 김봉수 작가의 'A Lier'라는 조각 작품을 구매하였는데, 작년에 BTS의 뷔(V)가 구매해서 화제가 된 적이 있다고 한다. 작가는 욕망, 부 혹은 권력을 채우기 위해 서슴없이 거짓말을 일삼는 현대인의 표상을 피노키오의 긴 코로 표현했다고 한다.

얼마전 촉망받던 여자 골프 선수가 대회 중 로스트 볼을 자기 공으로 속여 경기를 진행하여 3년간 출전 정지라는 중징계를 받은 뉴스를 접한 적이 있는데, 실수를 바로 인정하고 벌타 2점 받고 끝날 수 있었던 것을 '자기 합리와'와 '자기 기만'의 유혹에 빠져 중징계를 받게 되어 안타까웠다. 로버트 레드포드(Robert Redford)가 감독한 영화 '베가 번스의 전설(The Legend of Bagger Vance, 2000

년)'에서 맷 데이먼(Matt Damon)이 연기한 주인공이 주위에서 아무도 보지 못했는데도, 러프에 빠진 골프공을 건드렸다고 스스로 자백하여 2벌타를 받고 경기를 진행하여 결국 공동 우승을 했다는 영화 내용과 대비되었다.

밥 미첼(Bob Mitchell)의 소설 '천국에서의 골프(Match made in Heaven)'에는 '정직함'의 대명사인 에이브러햄 링컨(Abraham Lincoln) 대통령이 골프 라운딩 도중 러프에 빠진 볼을 발로 툭 차서 치기 쉬운 곳으로 옮기는 내용이 나온다. 필자도 구력 25년간 라운딩 도중 라이(Lie)가 좋지 않거나, 치기 어려운 위치에 공이 놓이면, 발로 살짝 차기도 하고 골프채로 툭 쳐서 옮기기도 했다. 피노키오였다면 아마도 코가 몇십(?) 미터가 되었을 텐데, 아마추어라는 '자기 합리화'로 부정 행위를 일삼았던 것을 글을 통해 고백한다. 공이 놓인 상태를 뜻하는 용어인 라이(Lie)와 거짓말 단어가 같다는 것이 새삼 흥미롭다.

필자의 직업으로 인하여 '선의의 거짓말(White lie)'을 하는 경우도 있다. 진료 중 말기 암 환자가 필자에게 병기가 몇 기냐 거나 기대 수명을 물어 보는 경우가 있는데, 환자의 '알 권리와 배려' 사이를 고민하며, 치유의 희망을 주는 '선의의 거짓말'을 가끔 하게 된다.

김봉수 작가의 조각 작품을 거실 한 켠에 두고 매일 마주 보고 감상하며, '정직함'과 '거짓말'에 대한 여러 생각들을 하게 되었다.

Blue Rose

어릴 적 고향집 거실 벽에 붙어 있던, 깊고 짙은 청록색과 미색으로 조화를 이룬 정물 유화 그림을 소장하고 있다. 1950,60년대 부산에서 활동했던 작가의 작품으로 추정하고 있는데, 작가 사인이 없어서 아마도 선친께서 좋아하셨던 전혁림(1916~2010) 선생 작품이 아닐까 생각해왔고, 작품명은 필자 마음대로 'Blue Rose'라고 작명하였다.

푸른 장미는 전통적으로 신비로움이나 불가능한 것을 이루는 것을 의미하며, 소유자에게 젊음을 주거나 소원을 이루게 해주는 좋은 뜻이 있어서, 집 현관 입구 내벽에 부착해 두고 들락날락하면서 그 기운을 받고 있다.

지난달 시내 모 호텔에서 개최되었던 아트 페어에서 필자의 가슴을 두근거리게 하는 유화 작품에 끌려 덜렁 구매 계약을 하고, 작품명을 보았더니, 신홍직(1960~) 화백의 '블루 로즈'(53X45.5cm,

2020)'라는 작품이다. 굵고 거친 임파스토 기법의 핸드 터치에서 고흐(Vincent van Gogh)의 작업이 연상되고, 두꺼운 마티에르(Matiere)에 손을 뻗어 만져보고 싶은 느낌이 들었다.

필자와 동년배인 신홍직 화백은 "내가 그리고자 하는 대상이 무엇인가가 아니라, 그 대상을 통해서 나의 회화적 조형감을 어떻게 표현하느냐에 관심을 두고 있다"라고 말한다. 그의 작품에서는 우아함 혹은 유려한 느낌 보다는, 예술에 대한 자유감과 즉흥성 그리고 그의 삶에 대한 열정이 전해진다. 그의 작품들은 헌법 재판소, 부산시립 미술관, 해운대 컨트리클럽, 아시아드 골프 클럽 등지에서 소장 중이라고 하니, 다음에 갈 기회가 있으면 눈여겨봐야겠다.

필자가 소장 중인 Blue Rose '1호'가 신홍직 화백의 선친인, 1960년대 부산 화단에서 활동했던 신창호(1928~2003) 선생의 작품이 아닐까 해서 용기를 내어 신 화백에게 직접 문의해 보니, 부친 작품이 아니라고 한다.

인생에서 맛보는 즐거움 중 하나는 가슴을 뛰게 하는 작품을 만나고, 통창을 통해 내려오는 따뜻한 햇볕을 받는 곳에서 그윽한 향기 나는 커피 한잔하며 작가와 작품에 대한 대화를 나누는 것이 아닐까?

언제 기회 되면 부산 기장에 있는 그의 아뜰리에를 방문해서 예술에 대한 농익은 시간의 축적을 담은, 다른 작품들을 감상해 보고 싶다.

길양여의 (吉羊如意)

연초에 소헌(紹軒) 정도준(鄭道準)(1948~) 선생으로부터 친필로 쓰신 '길양여의(吉羊如意)'란 새해 인사를 받았다. 한자에 깊은 지식이 없는 필자가 인터넷 검색을 하여 그 뜻을 찾아보니, '길양(吉羊=길상, 吉祥)'은 '행복 또는 기쁨'이란 의미로, '뜻하는 대로 행복과 경사스러운 복을 받으라'는 뜻이라고 한다.

어원도 궁금해서 내친김에 검색해 보았다. 1851년 추사 김정희가 권돈인이 이끄는 반 안동 김씨 세력과 안동 김씨 세력 간에 대비의 상복 입는 기간으로 논쟁을 벌인, 소위 예송(禮訟) 논쟁에 휘말려 함경도 북청으로 유배를 갔다. 1852년 유배를 마친 추사가 강원도 화천에서 아직 유배 중이던 권돈인에게 보낸 서화의 화제(畫題)로 '인천안목(人天眼目), 길양여의'라고 썼다. '인천안목'은 '인간과 천상 일체가 중생의 안목이 된다'라는 뜻으로, '사람과 하늘의 눈이 되고, 뜻하는 대로 복을 받으라'는 뜻이라고 한다.

소헌은 국보 제1호 숭례문의 복원 상량문에 휘호를 남겼으며, 경복궁 흥례문과 창덕궁 주요 건물 현판 등 여러 곳에 글씨를 남겼다. 얼마 전에는 강남세브란스병원 수장고에서 소헌이 써서 기증한 히포크라테스 선서 액자를 발견하여, 의대 학생 구역 벽에 설치할 것을 건의하였다.

소헌의 부친은 진주 촉석루와 해인사 일주문 해인 총림 현판을 쓴 유당(惟堂) 정현복(鄭鉉福, 1909-1973) 선생인데, 1955년 유당이 부산에서 잠시 유숙하실 때 쓴 병풍 작품을 선친이 입수하셨고, 필자가 현재 소장 중이다. 진주 출신의 소헌은 10살 무렵부터 부친 밑에서 먹을 갈고 붓을 잡았고, 대학 공부를 위해 서울로 올라와서는 당대 최고 서예가인 일중(一中) 김충현(1921~2006) 선생 문하에 들어가 배웠다고 한다. 소헌이 중학생 때, 필자의 선친께서 운영하셨던 부산 민주 신보사에서 주최한 미전에 그의 서예 작품이 입상하였다고 하니, 부모의 인연이 자식때까지 이어지고 있는 셈이다.

일전에 그가 보내준 작품 도록집을 다시 한번 보니, 서(書)의 경계를 넘나들며 회화적 방식을 만들어 낸 작품들에서 박서보, 윤형근, 이우환 등 단색 화가의 향기가 난다. 화선지에 스며든 먹의 농담(濃淡)으로 글자에서 입체감과 역동성을 느낄 수 있었으며, 부드러운 붓끝으로 표현한 그의 우주에 몰입하다가, 비우기가 더 어려울 것 같은 글자 사이사이에서는 넉넉한 여백의 미를 즐겼다.

서예를 미술의 영역까지 확대한 그의 도전 정신과 끊임없는 노력에 박수를 보내고 싶고, 언젠가 진주에 '유당과 소헌의 서예 미술관' 같은 것이 생기면, 필자가 소장 중인 유당 선생의 병풍 작품을 기증하리라 다짐한다.

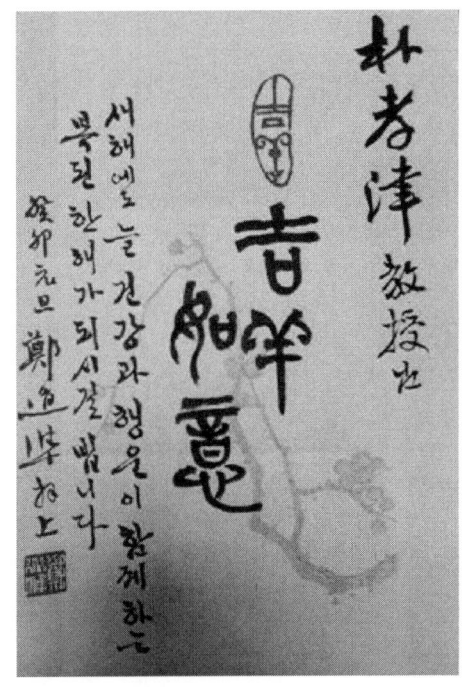

길양여의 (吉羊如意)

오리 유정有情

　COVID19 판데믹 이후 '집콕' 생활의 영향으로, 또는 MZ 세대들의 미술품에 대한 관심 증가로 인하여 근자에 국내 미술 시장은 호황기를 누리고 있다. 미술품의 구매는 주로 갤러리, 아트 페어, 혹은 경매 등을 통해 이루어지는데, 호황기에는 불황기에 비하여 경매 거래가가 높게 책정되기에 요즘 같은 호황기에는 아트 페어 혹은 갤러리에 가서 그림 감상만 주로 하고 있다. 그런데 우연한 기회에 찾은 옥션의 프리뷰 행사 기간에 보았던 그림의 색과 톤이 마음에 들고, 경매 시작가가 비교적 착하게 책정되어 있길래 경매에 응찰했더니, 운 좋게 낙찰되었다.

　황해도 장연 출신의 박창돈(朴昌敦, 1928~)선생이 1980년도에 제작한 10호 크기의 유화 작품으로 '오리 유정有情'이란 제목이 붙어 있다. 세계적인 컬렉터인 프랑수아 피노(Francois Pinault, 1936~)는 "나의 컬렉션은 비평가들의 평가가 아닌, 나만의 시선으로 판단을 하며, 나의 가슴을 두근거리게 하는 작품을 선택한다"라고 했듯이, 흙벽에 그려낸 듯한 박창돈 선생의 작품은 내 가슴을 뛰게 하였다. 필자는 미술품을 구매할 때, '투자적 가치' 보다는 '작가와의 교감'을 더 중요시하는데, 낙서한 듯한 그리고 화가의 서명을 봐야 위아래가 구별되는 현대 비구상 작품에는 눈길이 가지 않는다.

기름기를 빼고 담백하게 그린 '오리 유정'을 서재 벽에 걸어 두니, 향토적인 정서가 녹아 있는 그림에서 흙 내음이 나는 듯하고, 정겨움이 느껴지며 필자의 마음도 평화로워진다. 갈색, 회색, 흰색을 주로 사용하고 평면적으로 그려낸 그의 화풍은 비록 질감은 다르지만 박수근 선생의 작품이 연상되었다. 언제 기회가 되면, 박창돈 선생의 백자 혹은 토기 그림을 만나 보고 싶다.

이번 주말에는 세텍(SETEC)에서 개최 중인 화랑 미술제에 가 볼 예정인데, 필자의 가슴을 뛰게 할 또 다른 작품들을 만나 보길 기대한다.

진사辰砂 도자기와의 만남

　통영에 사는 지인이 지난 10월 김해 도자기 축제에 갔다가 구매한 도자기 두 점을 뽁뽁이로 정성스럽게 싸서 소포로 보내주셔서, 진사(辰砂) 도자기를 만나게 되었다. 동봉한 작품 설명서를 보니, 고(故) 종산(宗山) 배종태선생의 가업을 이어 받은 2대 소산(小山) 배창진 씨 작품이고 작품명은 '부부 사랑'이다.
　도자기 유약 중에 구리(동銅)를 환원 소성하면 붉은색을 발산하는데, 이때 만들어지는 적색 도자기를 진사 도자기라고 부른다. 리움 박물관에서 본 적이 있는 표주박 모양에 연잎으로 둘러싸인 고려 진사 청자 작품이 생각났다. 임진왜란 때 조선 도공들이 일본으로 가서 그 명맥이 끊어졌다가, 일제 강점기에 다시 재현되었다고 한다.

　불 온도에 매우 민감해서 가마 속 온도가 1,300도에서 가장 아름다운 진사 문양이 탄생한다는데, 배창진 사기장은 "진사는 단풍의 붉은 색, 봄날 돋아나는 쑥의 녹색, 검은 듯 붉은 팥색이 어우러질 때 가장 아름다운 도자기"라고 말한다.

그는 일 년에 세 번, 가마에 불을 넣고, 꼬박 30여 시간 동안 잠을 자지도 않고 가마 옆을 지키며, 불 온도를 맞춘다고 하는데, 한 번에 50여 점의 도자기를 구워 내지만, 마음에 드는 작품은 이 중 한두 점에 불과하다고 한다. 진사의 특징은 산화동 성분이 가마 안에서 다양하게 변하는 성질로 인해 어떤 문양의 도자기가 탄생될지 예측하기 어렵다는 것이다.

선물 받은 '진사 부부병'을 거실 탁자에 올려놓고, 장인의 손길과 춤추는 불길이 만나서 만들어진 유려한 문양을 즐기며 틈틈이 정을 나누니, 필자의 눈과 마음이 정화되고, 화려하지 않은 '절제된 아름다움'에서 삶에 대한 진정성과 겸손을 배우게 된다.

그가 출연한 한 지역방송 인터뷰에서 "자연스러우면서도 경박하지 않고, 화려하지 않으면서 깊이가 묻어 나오는 도자기를 만들고 싶다."라고 말하는 모습을 보며, 예술에 대한 순수한 열정으로 세속의 여러 어려움을 이겨내고, 고독하게 예술혼을 불태운 그에게서 프랑스 아를의 어느 유명한 인상파 화가의 얼굴이 오버랩 되었다.

진사辰砂 도자기와의 만남

홍콩 아트 투어 Hong Kong Art Tour

 세계 3대 아트 페어 중 하나인 스위스의 아트 바젤은 2013년부터 매년 홍콩 아트 바젤을 개최하고 있는데, 코로나 이후 3년 만인 지난 3월 홍콩 아트 페어를 성황리에 개최하였다고 한다.

 2014년 홍콩 소더비 경매에서 장샤오강(Zhang Xiaogang)의 '대

가족' 시리즈는 낙찰가 113억을 기록한 바 있고, 2019년 홍콩 크리스티 경매에서는 김환기 선생 작품 '우주(Universe)'가 한국 화가의 작품 중 최고 낙찰가인 132억을 기록하며 화제가 된 적도 있다.

미술품에 대한 면세 혜택, 영어권. 그리고 지역적으로 중국 미술 시장과 인접한 이점 등으로 인하여 홍콩의 미술 시장은 10여 년 전부터 아시아를 벗어나 세계의 중심으로 떠오르고 있다.

6년 만에 방문한 이번 홍콩 여행의 주목적은 아트 페어 관람, 경매 프리뷰 혹은 갤러리 방문이 아닌, 근자에 생긴 M+미술관을 방문하여 중국 현대미술 작가들의 작품을 감상하는 것이었다. M+(plus) 미술관은 1997년 홍콩의 중국 반환 이후 도심 재생 사업의 일환으로 서구룡(West Kowloon) 문화 지구에 건립되었으며, 2021년 11월에 개관하였다.

스위스 건축 회사 헤르조그 드 뫼롱(Herzog & de Meuron)이 설계를 맡았고, 예술, 디자인, 그리고 건축 문화를 함께 담고 있기에 미술관 이상의 미술관, 'more than museum'이란 의미를 가지는 'M+'란 이름을 지었다고 한다. 화력 발전소 자리를 재개발하여 도시 재생의 모범적인 사례로 꼽히는 테이트 모던(Tate Modern)의 관장을 역임한 라르스 니트베(Lars Nittve)가 초대 관장을 맡았고, 한국계인 정도련님이 부관장을 맡고 있다.

정식 개관 전에 스위스의 울리 지그(Uli Sigg)가 중국에서 약 20

여 년간 사업을 하면서 수집한 중국 현대 미술 작품 1,500여 점을 M+에 기증하였는데, 당시 감정 가격이 약 1,890억 원에 달했다고 한다.

이번 M+ 미술관에 전시 중인 '지그 컬렉션'을 감상하고 싶었고, 먼저 만난 작품은 장샤오강의 '혈연-대가족'이었다. 무표정한 얼굴로 정면을 응시하고 있는데, 격동의 시대를 지나온 중국인의 자화상을 표현한 작품이다.

'마스크 시리즈'를 통하여 자아와 욕망을 감추고 살아가는 현대인의 표상을 그리고자 했던 쩡판즈(Zeng Fanzhi)의 작품에서는 역설적으로, 어울리지 않은 가면을 벗어버리라는 작가의 메시지가 가슴속으로 전해져 온다. 그리고 연초에 소노마 밸리 도넘 에스테이트(Dornum estate)에서 봤던, 과장된 웃음을 짓고 있는 웨민쥔(Yue Minjun)의 그림과 류샤오동(Liu Xiaodong)의 그림도 반가웠다. 현재를 담담히 받아들이고 있는 듯한 중늙은이들의 평범한 체구와 자연스러운 포즈에 필자도 웃통을 벗고 그림 속으로 들어가고 싶은 충동을 느꼈다.

기획전으로 쿠사마 야요이(Kusama Yayoi)의 작품 회고전 <1945 to Now> 전시가 있었는데, 그동안 '호박(Pumpkin) 한두 점

작품을 보다가 시대별 그리고 주제별로 정리된 기획전을 보니, 그녀가 작품을 위하여 얼마나 많은 고민을 하고 상념에 빠졌는지 공감이 되고 그녀의 작품 세계를 조금이나마 이해할 수 있었다.

미술 생태계의 균형적인 발전을 위해서는 행정 기관의 지원 시스템과 비상업적인 미술관이 함께 미술 문화를 조성하는 역할을 수행해야 한다. 그런 점에서 상업적인 미술 시장과 함께 M+ 미술관을 통하여 균형을 맞추고 있는 홍콩은 '쇼핑과 음식의 도시'에서 '예술의 도시'로 거듭나고 있는 듯하다. 내년 3월 홍콩 아트 바젤에는 만사 제쳐두고 이곳에 다시 오리라 다짐해 본다.

난해하고 불편한 현대 미술

현대 미술은 난해하고 가끔 필자를 불편하게 한다.

고전적으로 예술은 착상에 예술가의 제작을 더한 것으로 정의하였다면(착상+제작=작품), 현대 미술은 제작보다는 착상이 더 중요하며, 착상만으로도 예술적 작품이 될 수 있다고 한다[착상(+제작)=작품]. 마르셀 뒤샹(Marcel Duchamp, 1887~1968)은 '예술가는 조각이나 그림을 직접 제작하지 않는, 착상을 하는 사람'이라고 하였다.

데페이즈망(depaysement)은 사물을 본래의 상황과 다른 곳에 위치시킴으로써 새롭고 묘한 느낌이 들게 하는 것, 즉, '있어선 안 될 곳에 어떤 물건이 있는 모습'을 의미하는데, 뒤샹이 1917년 전시회에 남성용 변기를 거꾸로 세우고, 'R.Mutt'라고 서명하고 '샘(Fountain)이란 제목으로 출품한 것이 대표적인 예이다. 그는 "예술가는 계획을 세우거나 발상을 하는 것이 중요하다. 예술가는 자기 발상에 맞는 물건(오브제)을 선택하는 것이 중요하다"라고 하며, "나의 관심은 오직 아이디어에 있을 뿐, 눈에 보이는 결과물에 있지 않다"라고 말했다. 데페이즈망의 또 다른 예는 중절모에 코트 차림의 신사가 공중에 떠 있는 르네 마그리트(Rene Magritte)의 작품을 들 수 있다.

지난 주말에는 마우리치오 카델란(Maurizio Cattelan, 1960~)의 전시회 'WE'가 개최 중인 리움 미술관을 찾았다. 바나나를 덕트 테이프로 벽에 붙여 놓은 데페이즈망 작품(?) '코미디언(Comedian)' 처럼 '개념과 행위'가 강조되는 그의 작품 세계를 이해하고 공감할 수 있을까?

조각이 아닌 레디 메이드(readymade) '조형물'과 동물 박제들의 배치, 그리고 권위, 전쟁, 폭력, 종교, 억압 등 무겁고 불편한 진실을 역설, 풍자 그리고 해학으로 표현한 작품들로, 보이는 것 너머의 보이지 않는 무엇을 통찰하고자 하는지 얼핏 공감이 되기도 하였다. 캔버스에 낙서한 듯, 무엇을 그렸는지 도무지 알 수 없게 페인트를 흘리고 뿌린 잭슨 폴록(Jackson Pollock)의 작품같은 행위 예술 보다는 그래도 좀 더 이해할 수 있었다.

마우리치오 카텔란 전시 'WE'는 예술은 무엇이고, 예술가는 '제작자가 아닌 기획자'라는 화두를 계속 생각하게 하였다.

그럼에도 불구하고, 현대 미술은 여전히 난해하고 필자를 불편하게 한다.

필자가 피서하는 법

한여름 무더위 피서를 위해서 겨울 풍경화 속으로 들어가보는 건 어떨까?

필자가 소장 중인 신홍직 화백의 '수즈달(Suzdal)에서' 작품은 신 화백이 러시아 여행을 하며, 중세 러시아 시골 풍경을 잘 간직하고 있는 모스크바 인근의 소도시를 방문하여 그린 그림이다.

굵고 거친 임파스토 기법의 핸드 터치에서 추운 그곳 날씨가 느껴지고, 이전에 내린 눈이 치워진 길을 걷는 마을 주민들의 느긋한 일상이 전해져 온다.

잿빛 하늘 아래 지붕에는 하얀 눈이 소복이 쌓여 있고, 고드름이 주렁주렁 매달린 집 모퉁이를 돌아서 귀가를 하면, 벽난로에 불을 지핀 거실 건너편에 있는 주방 오븐에서 빵 굽는 내음이 피어 날 것 같다.

지난 주 방문한 도쿄 국립서양미술관에서 만난 모네(Claude Mo-net, 1840~1926)의 '아르장퇴유의 설경(1875년)' 그림을 보면서도 피서를 했는데, 그가 8년동안 파리 근교인 아르장퇴유(Argenteuil)에서 살면서 남겼던 많은 작품 들 중 하나라고 한다. 길가 나무에는 눈꽃이 하얗게 피어 있고 그의 발자국을 따라 미끄러운 눈길을 조심조심 걷다 보면 하얗고 넓은 언덕을 지나서 얼어붙은 센 강 지류를 만날 것 같다. 안분지족(安分知足)하였을 그의 소소한 행복감이 필자의 가슴속으로 넘어 온다.

필자의 고향 부산은 겨울에도 그다지 춥지가 않아서 눈 내리는 겨울에 대한 추억은 거의 없지만, 어쩌다가 눈 내리는 하루를 만나게 되면 소복이 쌓인 눈길을 밟을 때 발밑으로부터 전해오는 뽀드득 소리와 감촉이 마냥 좋았던 기억이 난다.

  겨울 풍경화 속으로 들어 가서 눈길을 함께 밟으니, 한여름 무더위로부터 피서도 되지만, 어릴 적 동심으로 돌아가게 된다.

백남순과 나혜석

일제 강점기, 해방과 분단 그리고 한국 전쟁 등의 격변기 혼돈 속에서 예술가들의 파란만장한 삶과 혼을 캔버스에 담아서인지, 필자는 한국 근대미술의 색감과 톤을 사랑하고, 그림에서 내 가슴으로 넘어오는 감성을 좋아한다. 더군다나 봉건 사회의 틀과 관습에서 아직 벗어나지 못했던 그 시대에 여성 화가들의 삶과 예술을 향한 집념과 좌절이 느껴질 때 더욱 감정이입이 된다. 올겨울 들어 최강 추위가 닥친 지난 주말 수원시립미술관에서 그녀들을 만났다.

임용련(1901~?)은 평안남도 진남포 출신으로 3.1 만세 운동에 가담하여 일본군의 수배를 받게 되자, 미국 시카고로 도피하였다. 시카고 예술대학(SAIC, School of the Art Institute of Chicago)에 입학했다가, 지도 교수가 예일대학으로 자리를 옮기면서 따라가 예일대학에서 수학하였다. 졸업 후 장학금을 받고 유럽으로 미술 연수를 떠나게 되었는데, 프랑스 파리에서 친구의 동생인 백남순

(1904~1994)을 운명적으로 만나게 되었다.

　백남순은 도쿄여자미술학교를 중퇴하고 1928년 파리로 유학을 가게 되었다. 1930년 파리에서 임용련과 결혼한 그녀는 국내 최초로 유럽에서 서양 미술을 공부한 여성 화가로 기록된다. 결혼후 부부는 귀국하였고 임용련은 평안북도 정주의 오산 고보 미술 선생으로 근무하면서, 학생이었던 이중섭을 지도하게 된다. 해방과 한국 전쟁으로 백남순의 그림들은 북한에 남겨져 소실되었는데, 유일하게 백남순의 <낙원>은 해방 전 전라도에 살던 친구의 결혼 선물로 그려 보냈다가 이후 이건희 컬렉션으로 남게 되었다.

　임용련은 해방 후 미군정 관세청장으로 근무하다가 한국 전쟁 시 납북되었고 북한에서 처형된 것으로 알려져 있으며, 백남순은 1964년 큰딸이 있는 미국으로 이민 가게 된다. 그렇게 거의 잊혀진 그녀의 작품 <한 알의 밀알(1983년 작)>을 수원시립미술관에서 만나게 될 줄이야······.

　나혜석(1896~1948)은 부친이 수원 군수를 역임한 고위 관료 집안 출신으로, 일본 도쿄여자미술학교에 유학을 다녀오고 1919년 3.1운동에 가담하여 옥고를 치르기도 했다. 1920년 변호사 김우영과 결혼하게 되고, 1927년 남편과 시베리아 횡단 열차를 타고 1년 9개월간의 유럽 여행과 생활을 하게 된다. 파리에 도착한 후, 파리 미술 아카데미에서 8개월간 수학을 하게 되는데, 야수주의와 입체

주의 영향을 받은 화가 로제 비시에르(Roger Bissiere)의 사사를 받았다. 파리 체류 기간이 겹치는 백남순과 어느 정도 친교가 있었을까?

나혜석은 파리 체류 당시 독립선언 민족 대표 33인 중 한 명인 최린과 사랑에 빠졌고, 이로 인해 귀국 후 1930년 이혼하게 되었다. 수원시립미술관에서 만난 그녀의 자화상(1928년 작)은 어두운 색감과 근심이 가득한 우울한 표정이다. 그림에서 당시 불운했던 결혼 생활을 암시하는 듯했으며, 야수파의 향기가 났다.

이후 친구인 일엽 스님이 있는 수덕사에 가서 출가를 원했으나 주지 스님의 승낙을 얻지 못하고, 1937년부터 43년까지 수덕 여관에 머물게 된다. 울적하고 지친 마음을 달래며 학생들에게 그림 지도를 하게 되는데, 학생들 중 한명이 고암 이응노(1904~1989)이다. 또한, 나혜석의 작품을 보고 나도 화가가 되어야겠다고 결심한 소년이 있었는데, 근대 미술품 중 '국가등록 문화재'인, <남향집>을 그린 오지호(1905~1982)이다. 미술관에는 그녀가 수덕 여관에 머물 때 수덕사 비구니를 그린 작품 <염노장>도 전시되어 있다. 이후 그녀는 파킨슨병에 걸리고 1948년 무연고 행려병자로 52년의 짧고 파란만장한 생을 마감하게 되었다.

그녀가 즐겨 그렸던 작약꽃 피는 내년 오월에는 예산 수덕사와 수덕 여관을 방문해서 그녀의 흔적을 찾아보고 싶다.

지존고원 (志存高遠)

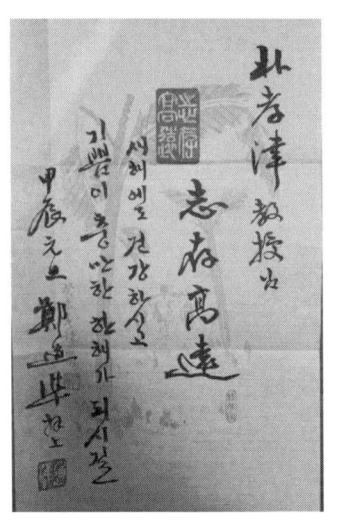

연초에 서예가 소헌(紹軒) 정도준 선생으로부터 연하장을 받았는데, 지존고원(志存高遠)이란 휘호를 보내주셨다.

사전을 찾아보니 '원대한 이상을 가지고 사업에 있어서 포부가 크다'라고 되어 있다. 중국 삼국시대 촉한의 제갈량이 그의 조카에게 해 준 덕담이라고 하며, 근자에는 중국 시진핑 주석이 2022년, 당 교육 행사에서 청년 간부들에게 했던 말이라고 한다.

필자의 3, 40대 시절에는 지존고원의 꿈을 꾸었던 것 같은데, 이제 교수로서의 정년이 1년 남짓 남은 시점에서는 소소하지만 확실

한 행복, '소확행'에 만족하고 있다. 칸트(Immanuel Kant)는 행복의 세 가지 조건으로 첫째. 할 일이 있고, 둘째, 사랑하는 사람이 있고, 셋째, 희망이 있다면 행복하다고 했다는데, 첫째 '할 일' 대신에 '좋아하는 일을 하고 있고'로 바꾸고 싶다. '후회가 꿈을 대신하는 순간부터 늙기 시작한다'라는 말처럼, 희망과 꿈은 죽기 전날까지 붙잡아 두고 싶다. '나이 듦'과 '늙음'은 동의어가 아닐 것이다.

미국의 골프 선수인 커티스 스트레인지(Curtis Strange)가 모델로 나온 닥스(DAKS) 광고 카피를 소개해 본다.

"승리했을 때 저는 필드에 있었고, 패배했을 때 그때도 저는 필드에 있었습니다. 저는 저의 삶을 필드에서 시작했고 필드에서 완성하며 살아갈 것입니다. 저는 골퍼니까요."

2024년 갑진년 새해를 맞이하여 아주 오래전에 처음 의사가 되었을 때의 초심을 되새겨본다.

'희망과 꿈'의 끈을 놓지 않은 채, 향후 10년간 '의사의 삶'을 완성하며 살아가야 하겠다.

저는 의사이니까요.

SF Museum of Modern Art (MOMA)

샌프란시스코에서 개최된 미국 소화기암학회(GI ASCO) 기간 중에 틈을 내어 학회장 건너편에 있는 샌프란시스코 현대 미술관 (Museum of Modern Art, SF MOMA)을 찾았다. 미술관은 최근 '2024 한국 이미지상, 징검다리상'을 수상한 마리오 보타(Mario Botta)의 작품이다. '한국 이미지상'은 한국의 이미지를 세계에 알린 분에게 수여하는 상이며, 이 중 '징검다리상'은 한국을 세계에 알리는데 가교 역할을 한 외국인에게 수여하는 상이다. 그는 스위스 출신의 건축 거장으로 리움 미술관, 남양 성모성지, 강남 교보타워 등을 설계했는데, 이번 수상이 뒤늦은 감이 들 정도이다.

좋은 미술관은 또 하나의 훌륭한 건축 작품이어서, 내부에 들어서면 작품을 감상하는 동선과 이를 따라가는 시선의 여유를 느끼게 한다. 이곳에는 앤디 워홀(Andy Warhol), 로이 리히텐슈타인(Roy Richtenstein) 등의 팝 아트 작품과 잭슨 폴록(Jackson Pollock)의 추상화, 나도 그릴 수 있을 것 같은 낙서 같은 작품들 그리고 일상의 사물을 작품 소재로 사용하는 난해한 작품들을 전시하고 있다.

하지만, 필자가 좋아하는 작품들을 일부 소장하고 있기에 그들을 다시 만나기 위해 또 찾게 된다.

로버트 인디애나(Robert Indiana)의 'O'를 비스듬히 기울인 'LOVE' 조형물, 앙리 마티스(Henri Matisse)가 사이가 좋지 않았던 자신의 부인을 그린 작품, '모자를 쓴 여인'을 다시 만나서 반가웠고, 스탕달 증후군(Stendhal syndrome)*을 배려해서 인지, 마크 로스코(Mark Rothko) 작품 앞에는 긴 의자가 놓여 있다. 프리다 칼로(Frieda Kahlo)와 그녀의 못된 남편 디에고 리베라(Diego Rivera)의 초상화 앞에서는 그녀의 파란만장했던 삶이 연상되었다. 뉴욕 시절의 김환기 선생이 고향에 대한 향수(homesickness)를 담은 점화 작품(1970년 작)은 밤하늘의 별처럼 검푸른 점들로 빼곡히 채워져 있는데, 같은 해 절친 김광섭 시인이 죽었다는 오보를 접하고 제작한 '어디서 무엇이 되어 만나랴'의 연작인 듯했다. 1979년 부인(김향안 여사)이 기증했다고 적혀 있다.

---

* 스탕달 증후군(Stendhal syndrome) : 뛰어난 예술작품(미술작품이나 문학작품 등)을 보고 순간적으로 흥분 상태에 빠지거나 호흡곤란, 현기증, 위경련, 전신마비 등의 이상 증세를 보이는 경우를 말한다.

-저녁에-

김광섭

저렇게 많은 별 중에서
별 하나가 나를 내려다본다
이렇게 많은 사람 중에서
그 별 하나를 쳐다본다
밤이 깊을수록
별은 밝음 속에 사라지고
나는 어둠 속에 사라진다
이렇게 정다운
너 하나 나 하나는
어디서 무엇이 되어
다시 만나랴

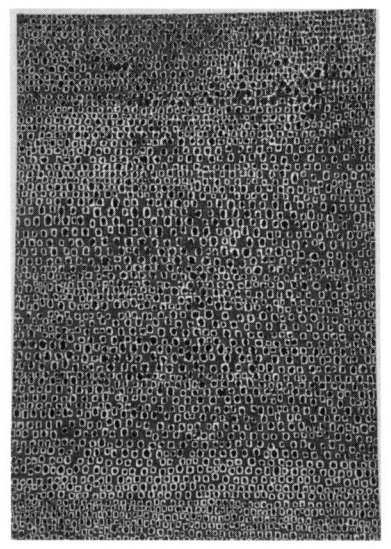

또한, 다양하고 좋은 작품들이 기획 전시 중인데, 필리핀 출신 파시타 아바드(Pacita Abad)의 다채롭고 아름다운 색상의 퀼트(quilt) 페인팅 작품들과 쿠사마 야요이(Kusama Yayoi)의 노란 땡땡이 호박 작품 등이, 금년부터 시니어 혜택으로 티켓 할인을 받는 부부에게 배가의 즐거움을 제공하였다.

정년 퇴임 예정인 내년에도 이곳 SF MOMA에 다시 올 수 있길 기대하며…….

렘브란트의 '돌아온 탕자'

　렘브란트 판 레인(Rembrandt Harmensz van Rijn, 1606~1669)은 젊은 시절부터 말년까지 꾸준히 자신의 자화상을 그렸다. 젊은 시절 자화상은 자신만만하고 근엄한 표정으로 품위 있게 그렸지만, 노년이 되면서 화폭에 담은 그의 모습은 의상도 남루하고 세월을 그대로 받아들이는 듯, 한편으로는 쓸쓸한 모습이 초라해 보이기까지 했다.

　지난 2월 말 대구에서 학회를 마친 후, 대구 시립미술관-'렘브란트, 17세기의 사진가' 작품전을 찾았다. 전시는 여러 주제별로 구성되어 있었는데, '성경 속 이야기' 주제에 에칭(etching) 작품 '돌아온 탕자(The Return of the Prodigal Son)'(1636년 작)를 만나게 되었다. 에칭이란 '주로 동판 따위의 금속판에 뾰족한 도구로 밑그림을 그린 후, 질산 등 부식액에 담그면 형태가 새겨져 판화를 만드는 기법'인데, 렘브란트는 에칭 판화의 최고 거장으로 알려져 있다.

상트 페테르부르크 에르미타주 박물관(Hermitage Museum)에서 소장 중인 유화 작품 '돌아온 탕자'(262X205cm, 1668~1669년 작)의 복제품이 필자가 가끔 갔던 방배동의 한 이태리 식당 벽에 걸려 있었고, 강남 세브란스 심장내과 이 모 교수의 교수실에도 붙어 있는데, 렘브란트가 누가 복음 15장에 나오는 이야기를 모티브로 그렸다고 한다.

한 아들이 아버지에게 자신 몫의 재산을 미리 달라고 요청했고, 받은 재산을 탕진한 후 집으로 돌아온 아들(탕자)은 참회의 용서를 구하며 무릎을 꿇는데, 옆에 서 있는 탕자의 형은 못마땅해하지만 아버지는 나무라는 대신에 돌아온 아들을 받아주고 환영한다.

그런데, 렘브란트의 자화상이 나이가 들면서 변한 것처럼 탕자의 모습이 변한 것이 흥미로웠다. 1636년에 그린 에칭 작품에서 탕자는 장발에 근육질의 몸과 성난 듯한 얼굴인데 반하여, 30여년후 그린 탕자는 머리가 다 빠지고 누더기 옷과 해진 신발에 비참한 모습이다. 또한 전체적으로 갈색 톤의 그림에, 얼굴에 비추어지는 밝고 노란 빛으로 인하여 따뜻한 기운이 감돈다. 시간이라는 위대한(?) 파괴자는 사람의 이목구비를 느슨하게 풀어 놓듯, 노년의 화가 렘브란트도 너그러워져서, '용서와 화해'라는 메시지를 전하고 싶었던 것 같다. 다가오는 5월은 가정의 달로, 바쁜 일상으로 인해 무심해질 수 있는 가족간 유대를 되새겨 보게 되는 작품이라는 생각이 든다.

러시아-우크라이나에 평화가 다시 돌아오면, 라흐마니노프가 사랑했던 운하의 도시 상트 페테르부르크로 가서 필자의 여행지 버킷 리스트이기도 한 에르미타주 박물관(Hermitage Museum)에 갈 수 있기를 기대한다.

오주석의 서재

밝고 찬란한 햇볕, 라일락 꽃 향기를 실어 나르는 바람, 푸르른 나뭇잎, 그리고 하얀 솜사탕 같은 이팝나무꽃이 잘 어울린 오월의 어느 주말에 '오주석의 서재'가 있는 수원 나들이를 했다.

후소(後素) 오주석 님(1956~2005)은 안타깝게도 만 50세가 되기 전, 2005년에 백혈병으로 타계했는데, 수원시에서 2018년 대지주였던 양성관(1867~1947)님의 가옥 터에 '열린 문화공간 후소'를 개관하면서, 수원 출신인 그를 기리기 위해 2층에 그가 소장했거나 출간했던 책들을 모아서 '오주석의 서재'를 차리게 되었다고 했다.

필자에게 '서재'는 새로운 지식과 정보를 충족시키는 장소이자, 마음 편한 쉼터 같은 공간으로 인식되고 있었는데, 일찍 타계한 그의 손때 묻은 책들로 빼곡히 채워진 책장을 보니, 가슴이 먹먹해졌다.

그는 국립중앙박물관과 호암 미술관에서 십수년간 큐레이터로 근무하면서 여러 강연과 글을 통해 옛 그림에 대해 소개했는데, 특히 단원 김홍도 그림에 대한 많은 연구를 하였다. 그의 책을 읽으면 우리 조상들의 문화와 예술 수준이 매우 격조있고 훌륭하다는 것을 느끼게 된다. 또한 지인들과 함께 한국화와 서예 작품들을 가끔 감상하게 되는데, 그의 책을 사전에 한 번 읽고 가면 지인들과의 대화를 이어가고 작품들을 이해하는데 많은 도움이 되곤 한다.

'오주석의 한국의 미 특강' 책에서 옛 그림 감상의 원칙으로 첫째, 옛사람의 눈으로 보고, 둘째, 옛사람의 마음으로 느껴야 한다고 기술하고 있다. '옛 그림 읽기의 즐거움' 책에서는, "그림을 아는 사람은 설명하고, 그림을 좋아하는 사람은 그저 물끄러미 바라본다. 그리고 그림을 즐기는 사람은 일상생활 속에서도 거기에 그려지는 대상을 유심히 살펴보게 된다."라고 했다. 선친 유품인 소치(小痴) 허련(1808~1893) 선생의 산수화 병풍을 형제들이 한 폭씩 사이좋게(?) 나누어 가졌는데, 필자는 액자를 침실 벽에 걸어 두고 바라보다가 가끔 그림 속에 들어가서 자연을 즐기고 있다.

다음에 박물관에 가서 옛 그림을 감상하게 되면, 그의 권고대로 그림 대각선의 1.5배 정도 떨어져서 시간 여유를 갖고 찬찬히 감상할 것을 다짐해 본다.

음악

라흐마니노프 피아노 협주곡 2번

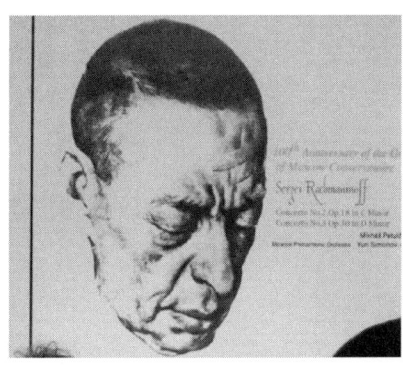

라흐마니노프(Sergei Rachmaninoff, 1873~1943)!

1990년대 초 피아니스트 서혜경 님이 혼신을 다해 연주했던 피아노 협주곡 2번을 처음 접한 후, 그의 음악을 좋아하게 되었던 것 같다.

지난주 지인의 초청으로 삼성동 현대산업개발 사옥 내 포니정홀에서 열린 '유혁준의 음악 이야기'에 참석했는데, 강사인 유혁준 님이 라흐마니노프를 소개해서 반가웠고 그의 음악 세계를 이해하는데 많은 도움이 되었다.

　1901년에 작곡한 협주곡 2번은 당시 우울증을 앓고 있던 그가 주치의였던 니콜라이 달 박사에게 헌정한 곡이었다. 손 길이가 30cm에 달해서 13개의 건반을 동시에 누를 정도로 손이 길었기에 그가 작곡했던 피아노곡을 손이 비교적 작은 여성 피아니스트가 연주하기에는 무척 어려웠으리라 짐작이 된다.

　1악장 첫 여덟 마디는 묵직하고 유장한 피아노 음으로 시작하는데, 그것은 러시아 음악의 뿌리인 러시아 정교 교회 종소리를 표현했다고 한다. 이어서 관현악 음이 파도처럼 넘실대며 가슴속에 밀려들어 왔다. 포니 정 홀에 구비된 고품질의 음향 시설도 한몫을 해서 곡 전반에 걸쳐 낭만적인 선율과 우수 어린 분위기가 홀 내 빈 공간을 감싼다. 눈을 감으니, 눈 덮인 평원과 하얀 자작나무 숲이 끝없이 펼쳐진다.

　구수한 경북 김천 사투리로 두 시간 동안 재미있게 해설해 준 유혁준 님 덕분에 심연(深淵)과도 같은 러시아의 음악 세계에 잠시 빠져서 헤어나지 못했고, 라흐마니노프의 비장하고 서정적인 음악을 제대로 감상할 수 있는 소중한 시간을 보냈다.

코로나가 물러가면, 아니 러시아에 평화가 돌아오면, 라흐마니노프가 사랑했던 운하의 도시 상트 페테르부르크에 가서 그의 발자취를 따라 걷고 싶다.

서울 팝스 오케스트라에 찬사를 보내며

　인종, 종교, 이념이 다른 사람과 국가 간에 발생하는 적대감과 갈등을 해소하기 위하여 음악은 어떠한 메시지를 전할 수 있을까?

　늘 관객들에게 즐겁고 유쾌한 음악을 선사하고자 하는 서울팝스 오케스트라의 하성호 단장은 전쟁으로 고통 받는 우크라이나 국민들을 위로하고 세계 평화와 화합을 위하여 20일 만에 기획하고 준비해서 '세계 평화 염원 특별 콘서트'를 개최하게 되었다고 한다.

　오케스트라 단원인 우크라이나와 러시아 출신 바이올린 연주자들이 감동적인 협주를 했고, 재능 기부로 무대에 오른 바리톤 고성현 님, 소리꾼 장사익 님, 팬텀 싱어 출신의 라클라쎄 등은 서로 다른 음색과 매력으로 관객들을 사로잡았다. 필자는 공연 레파토리 중 드보르작(Antoni Dvorak, 1841~1904)의 '신세계에서(From the New World)'를 들으며 20여 년 전 추억을 소환해 내고, 서울 팝스 특유의 창의적인 편곡을 즐겼다.

드보르작에 대한 단상(斷想)

필자가 1998년부터 2년간 연수를 한 미국 아이오와Iowa에는 유럽의 여러 나라에서 오래전 이주해 와서 그들만의 고유한 전통문화를 보존하고 있는 작은 마을들이 많았다. 독일의 아마나Amana, 네덜란드의 펠라Pella, 그리고 체코 빌리지인 스필빌Spillville 등이다. 이 중 스필빌은 필자가 좋아하는 '신세계에서'의 안톤 드보르작이 1893년 여름 한때를 머문 곳이라 더욱이 가보고 싶었던 곳이었다. 아이오와의 북동쪽, 미네소타와 접경 지역에 있어서, 갈 기회를 못 잡고 미루다가 귀국해 버려 아쉬웠는데, 마침 지난 9월, 마을 근처인 미네소타 로체스터에서 학회가 열려서 오랜 숙원(?)을 풀게 되었다.

파란 칠판 같은 가을 하늘 아래, 150번 국도 양옆으로 서로 키재기 하고 있는 옥수수들 도열을 받으며 50마일 속도로 한참을 달려도 뒤쫓아 오는 차 하나 없이 한적하다. 1893년 안톤 드보르작은 당시 뉴욕 음악원 원장으로 있다가 향수병에 걸리게 되는데, 고향 지인이 체코 이민촌인 스필빌을 소개해 주어 그 해 여름 3개월간을 이곳에서 보내면서 향수를 달랬다고 한다. 이곳에서 유명한 신세계 교향곡을 마무리하고, 고향에 대한 그리움을 담은 현악 4중주곡 '아메리카'를 작곡하게 된다. 드보르작이 살던 이층집은 나중에 목각 시계를 조각하는 빌리(Bily)형제가 살게 되고, '빌리 클락스(Bily

Clocks)'라는 박물관으로도 유명하게 되었다.

집 주위로 빨갛게 핀 제라늄에 물을 주던, 웃을 때 눈가 주름이 깊게 패이는 할머니 큐레이터가 나를 보더니, 요요마(Yo-Yo Ma)가 한 주 일찍 왔는지 착각했다면서, 어디서 왔냐고 묻는다. 마침, 필자가 찾아간 날은 드보르작이 태어난 다음 날이었고, 그 다음주에는 매년 개최되는 드보르작 페스티발이 열리는데 이번에는 첼리스트 요요마가 게스트로 온다고 했다. 입구를 지나 작은 홀 한쪽 벽면에는 세계 지도가 걸려 있고, 각 나라에서 다녀간 방문객들이 핀을 꽂아서 그 흔적을 남기는데, 작은 대한민국 지도에 여섯 번째로 핀을 꽂으니, 남한에는 더 이상 꽂을 자리가 없다.

삐걱대는 목조 계단을 조심스레 밟으며, 2층으로 올라가니 드보르작이 쓰던 풍금을 비롯한 여러 소품들이 잘 정돈되어 있다. 향수에 축 처진 어깨와 풍금 치는 고독한 그의 뒷모습을 상상하며, 신세계 교향곡 2악장 라르고가 들려오는 환청에 약간의 어지러움을 느낀다. 걸어서 10분 거리에는 성 웬세스라우스(St.Wenceslaus) 교회가 있고, 드보르작은 매일 교회의 파이프 오르간을 연주했다고 한다. 그가 교회로 다녔을 길을 그의 발자국 소리 들리는 대로 뒤를 따라 걸어본다. 보헤미안풍의 시제크 인(Czech Inn)이라는 비엔비(B & B, Bed & breakfast) 현관 앞에 걸린 화분에서 내려뜨려진 꽃들이, 가을 아침 반짝이는 햇살을 받아 치렁치렁 예쁘다. 110여 년 전 이맘때, 드보르작도 지금과 별로 달랐을 것 같지 않은 이 길로 은은히 퍼져 있는 가래나무 향을 느끼며, '아메리카'곡을 흥얼거리면서 교회로 가고 거기서 오르간을 연주하며 곡을 다듬었으리라.

매년 9월이면 이 작은 마을에서 드보르작 음악제가 열린다고 한다. 초저녁 교회 앞 잔디밭은 객석이 되고, 어쩌면 마을 주민보다도 많은 사람들로 가득 찰지도 모르겠다. 마을을 감싸고 유유히 지나는 터키 강 Turkey River 물결에 초승달 빛 비껴간 라르고의 선율이 내려앉으면, 그를 기리며 이 작은 마을을 찾아온 행복한 여행객들의 마음을 가을밤 내내 붙잡고, 아니 그네들 남은 삶의 한 자락에 추억되어 굳게 자리 잡을 성싶다.

공연 수익금은 전쟁으로 고통받는 우크라이나 국민을 위한 성금으로 보낸다고 하니, '의미' 있는 행사를 '재미' 있는 공연으로 꾸민 하성호 단장의 서울 팝스 오케스트라에 아낌없는 찬사를 보낸다.

우크라이나의 자유와 평화를 기원하며…….

안젤라 게오르규!

오늘은 예술의 전당에서 세계 최고의 디바 소프라노 안젤라 게오르규(Angela Gheorghiu)를 만나는 날. 주말 아침 관악산 산행을 평소보다 일찍 마치고 귀가해서 한 시간 정도 낮잠을 잔 것은, 늦은 오후에 맑은 정신으로 그녀와 만나기 위함이었다.

설레는 마음으로 펼쳐 본 프로그램 북에 젊고 아름다웠던 시절의 사진이 첫눈에 들어온다. 노래하기 위하여 태어났다는 루마니아 태생의 그녀가 세계적인 오페라 가수가 된 것은 그녀의 음악을 향한 열정과 집념의 산물이라고 한다.

첫 곡은 주세페 조르다니(G. Giordani)의 '오! 내 사랑(Caro mio ben)'. 그녀의 섬세하고 감성적인 음성과 넓고 깊은 음폭을 느낄 수 있었으며 비록 노랫말을 이해할 수는 없었지만, 가슴 속으로 애련한 감정이 넘어오는 것을 느꼈다.

비제(G. Bizet)의 오페라 '카르멘' 중 '하바네라(Habanera)'를 부를 때는 실제 카르멘이 돈 호세를 유혹하며 섹시하게 부르는 듯한 모습을 연출하며 능숙하게 무대를 장악했다.

그녀의 대표적인 작품인 푸치니(G. Puccini)의 오페라 '라보엠(La Boheme)' 중 '행복했던 시절이여 안녕'에서는 미미가 되어 절제된 감정을 잘 표현했고, 짙은 애수를 느끼게 했던 마지막 곡 '나를 잊지 말아요(Non ti scordar di me)'에는 감정이 이입되어 앙코르를 연달아 외칠 수 밖에 없었다.

앵콜곡으로 어구스틴 라라(Agustin Lara)의 그라나다(Granada)를 부를 때는 코로나 이전 아내와 다녀왔던 스페인 그라나다로 추억으로의 여행을 잠시 다녀오기도 했다.

젊었을 때의 힘차고 매력적인 음색 대신에 50대 중후반의 원숙미와 무대 장악력 그리고 친근감을 보여준 그녀를 어쩌면 다시 못만날지도 모른다는 생각에 오늘의 공연에서 느낀 감흥을 기억의 서랍 속에 소중히 간직하고 싶다.

한 가지 아쉬웠던 점은 곡의 마지막 음이 채 끝나기도 전에 박수치는 일부 관객들의 '안다 박수' 때문에, 향기로운 와인의 잔향같이 몇 초간의 정적 후 다가오는 감동을 즐길 수 없었다는 것이다.

모차르트와 피가로의 결혼

볼프강 아마데우스 모차르트(Wolfgang Amadeus Mozart, 1756~1791)의 오페라 '피가로(Figaro)의 결혼'은 '돈 조반니', '마술피리'와 함께 모차르트의 3대 오페라 중 하나인데, 귀족 사회의 잘못된 관습을 풍자하고 귀족과 하인을 대등한 관계로 묘사한 작품이다. 요즘 TV 프로그램은 "새롭거나, 재미있거나, 의미 있는" 키워드를 갖춘 작품이어야 대박이 난다고 하는데, 보마르셰(Pierre Beaumarchairs)의 희곡이 원작인 '피가로의 결혼'은 당시에는 세 가지 키워드를 모두 갖춘 혁명적인 작품이었다. 아마도 그의 어린 시절 잘츠부르크에서 대주교와의 불화로 인하여 엉덩이를 차이고 궁정에서 쫓겨나게 되면서 입은 마음의 상처로 인하여 개인의 자유와 존엄성에 대한 깊은 성찰이 음악으로 표현되지 않았을까 싶다.

지난 주말 제주 클라라 하우스에서 개최되었던 '유혁준의 음악 이야기'에서는 천재 음악가 모차르트가 소개되었다. 유혁준 님의 설명으로 모차르트의 피아노 협주곡에는 주(主) 악기인 현악기에 대한 파트보다 당시만 해도 부(副) 악기인 클라리넷, 오보에 등 목관 악기의 연주 파트에 많은 배려를 했다고 하는데, 그의 오페라 '피가로의 결혼'에서 보듯, 하층 계급에 대한 배려가 협주곡의 악기 조성에도 적용하지 않았을까 하는 생각이 들었다.

그런데, 영화 '쇼생크 탈출(The Shawshank Redemption, 1994)'에서 주인공이 교도소 수감자들을 위해서 틀어주었던 아리아는 '피가로의 결혼' 3막 중 '저녁 산들바람은 부드럽게'란 편지 2중창이다. 재소자들이 운동장에서 하던 일을 멈추고 넋을 놓고 서서 음악을 감상하며 잠시나마 자유를 만끽하는 그 명장면을 잊을 수 없다. 하고많은 아리아 중 이 음악을 택한 감독 프랭크 다라본트(Frank Darabont)는 모차르트가 지향했던 '인간의 자유와 존엄성'을 그 장면으로 전달하고자 했을까?

장맛비 내리는 오늘 저녁에는 코로나 이전에 사랑하는 아내와 여행했던 스페인 세비야 거리를 떠올리며 알마비바(Almaviva) 와인을 곁들이고 '피가로의 결혼' 아리아들을 들어 볼까? 젊은 시절 즐겨 들었던 모차르트의 심포니(Symphony) No.40도 오랜만에 감상해 보고 싶다.

'자유'와 '즉흥', 그리고 'Swing'

그룹 다섯 손가락의 주옥같은 노래 중 '이층에서 본 거리'는 필자의 노래방 애창곡 중 하나인데, 지난 주말에는 다섯 손가락 리더였던 이두헌 님이 운영하는 고기리 외진 곳에 자리 잡은 '책가옥(冊架屋)'을 찾았다.

아름다운 성당 건물 같은 외양, 옥호처럼 책가(冊架, 책을 두는 선반)로 꾸민 무대 배경, 그리고 간결한 디자인과 내구성이 강해 보이는 원목 탁자와 의자들로 채운 인테리어로 공연에 대한 기대감이 배가되었다.

드럼 서덕원, 콘트라베이스 김호철, 그리고 피아노 최한글 님으로 구성된, 실력 있는 재즈 트리오 '젠틀 레인(Gentle Rain)'의 깔끔하고 군더더기 없는 연주 첫 곡부터 재즈는 지루하다는 필자의 편견을 완전히 깨어 버렸다.

히사이시 조(Hisaishi Joe)의 '하울의 움직이는 성'과 '센과 치히로의 행방불명' OST , 그리고 영화 '피노키오(Pinocchio)' OST, 'When you wish upon a star'등 귀에 익은 멜로디를 재즈로 편곡해서 친근한 느낌이 들었고, 이문세님의 '옛사랑', 카니발의 '그땐 그랬지' 연주를 감상하면서 '지루하지 않고 아름다운' 재즈 음악에 흠뻑 빠져들어 갔다.

'쉘부르(Cherbourg)의 우산'과 '댄싱 퀸' 연주에서는 리듬을 잘게 쪼개어 일정하게 반복하고, 끝날 것 같지 않게 이어지는 편곡으로 재즈의 '자유'와 '즉흥감'을 느꼈으며, 'Beyond the blue horizon'과 'Blue Bossa'를 감상하며 촉촉하고 로맨틱한 재즈의 감성을 즐겼다.

공연 감상을 하면서 나도 모르게 손발을 흔들며 박자를 맞추는 '스윙(swing)감'을 만끽하였고, 실력 있는 뮤지션들이 만들어낸 경쾌하고 아름다운 재즈 선율 덕분에 팬데믹으로 지친 마음을 위로받고, 한여름 무더위를 잠시나마 잊을 수 있었다.

진하고 깊은 향의 커피 볶는 날에 이곳 책가옥에 다시 한 번 방문하고 싶다.

빈 필하모닉 (Wiener Philharmoniker) 오케스트라

　필자의 버킷 리스트 중 하나는 빈 필하모닉(Wiener Philharmon-iker, 이하 빈 필)의 '신년 음악회'에 참석해서 요한 스트라우스 1세의 '라데츠키 행진곡' 연주를 들으며, 박자에 맞춰 청중들과 함께 손뼉을 치며 연주에 동참하는 것이다. 마침 빈 필 내한 공연이 있어서 오스트리아 빈의 '신년 음악회' 참석 예행연습(?)차 설레는 마음으로 만추의 예술의 전당으로 향했다.

　"어느 지역 오케스트라가 아무리 잘해도 빈 필 같은 오케스트라가 연습하는 것보다 못하다"란 말이 있다. 180년 전통의 빈 필은 '벨벳 같은 우아함'으로 표현되는 '빈 필 사운드'로 유명한데, 비엔나 호른, 오보에 등 19세기부터 사용된, 오래된 악기들을 현재도 연주하고 있다고 한다. 빈 필에는 상임 지휘자가 없고 당대 최고의 거장들이 객원 지휘자로 오케스트라를 이끄는데, 이번에는 카라얀의 제자이며 미국 클리브랜드 오케스트라의 상임 지휘자인 프란츠 벨저-뫼스트(Franz Wlser-Moest)가 맡았다. 이름이 익숙해서 찾아보니, 필자가 연세의대 부학장 재임 시절인 2010년에 제중원 설립 125주년 기념으로 연세의료원에서 클리블랜드 오케스트라를 초청했는데, 필자도 참석한 예술의 전당 내한 공연에서 프란츠 벨저 뫼스트가 지휘를 맡았다. 1900년 루이스 세브란스(Louis H Severance, 1838~1913)의 기부로 서울역 앞에 새로 병원을 지었던 것처럼, 클리블랜드 오케스트라는 루이스 세브란스의 아들 존 세브란스의 기부를 통해 오하이오주 클리블랜드에 전용 공연장인 세브란스 홀을 건립할 수 있었다고 한다.

이날 공연에서는 요하네스 브람스(Johannes Brahms)의 제3번 교향곡을 들려주었는데, 3악장은 잉그리드 버그만(Ingrid Bergman)과 이브 몽땅(Yves Montand), 그리고 안소니 퍼킨스(Anthony Perkins) 등이 주연으로 출연했던 영화 '이수(離愁)'의 테마 음악으로도 유명하다.
'자유롭게, 그러나 고독하게, frei aber einsam'
클라라 슈만을 연모했던 브람스의 애잔한 마음이 배어 있는 그의 유려한 음악은 찬바람이 부는 만추의 정서에 잘 어울렸다. 3악장 연주의 템포가 다소 빨랐는데, 파트간 밸런스가 좋아서 색다른 곡 해석으로 받아들여졌다.
리하르트 슈트라우스(Richard Strauss)의 교향시, '차라투스트라는 이렇게 말했다'는 영화 '2001년 스페이스 오디세이'에서 배경 음악으로 사용되었고, 새해 일출 때 방송에서 주로 틀어주던 익숙한 음악이었는데, 공연장에서 오케스트라 연주로 듣기는 처음이었다. 금관의 음색에 팀파니 사운드가 스며들고, 현악 음이 이어 달리는 3차원의 입체적 구성을 느꼈고, 빈 필의 고아한 품위가 느껴지는 최고의 공연이었다.

앵콜곡으로 비엔나 왈츠 연주를 감상하며, 사회적으로 안타깝고 힘든 시기에 누군가의 위로를 받고 싶을 때 음악은 큰 힘이 되어주고 슬픔을 위로해 주는 선물임을 느꼈다.

재즈 카페 '야누스'

　신촌 굴레방 다리를 지나서 신촌역 방면으로 향하는 길가에는 70년대 말 연대생들이 데이트 장소로 즐겨 찾았던, '설국', '에로이카', '수라', '356', 그리고 '비전'이란 카페와 레스토랑이 줄지어 있었고, 신촌역 건너편에는 '할렘', '올가', 그리고 '야누스(Janus)' 재즈 카페가 있었다. 최근에 우연히 알게 된 서초동의 재즈 카페 '디바 야누스'는 재즈 1세대인 고 박성연 님(1955~2020)의 신촌역 앞 야누스가 여러 곳을 거쳐 현재의 이곳에 자리 잡은 곳인데, 현재는 재즈 보컬 말로(Malo)가 이어받아 운영하고 있었다.

　오늘의 연주자는 말로 밴드로, 실력 있는 보컬과 수준 높은 연주로 인해, 빅터사 축음기 나팔 앞에서 고개 숙이고 귀 기울이고 있는 강아지 니퍼(Nipper)처럼, 첫 소절부터 나도 모르게 몰입하게 되는 것을 느꼈다.
　보컬 말로는 블루지하고 허스키한 음색으로 밴드를 노련하게 리드하였고, 보석같이 아름다운 피아노 음은 성격 수더분한 친구가 말을 걸어오듯 따뜻한 감성을 전하다가, 때때로 격정적으로 건반을 두드릴 때는 음표 하나하나가 내 몸 속으로 들어오는 황홀감을 느끼게 하였다. 베이스의 깊은 울림은 지난 한 해 지친 마음을 위로하고, 세상 사는 이야기를 하듯 음을 건네는데, 영혼이 자유로울 것 같은 드러머의 화려하고 정교한 비트는 카페의 바닥과 벽에 튀기며 빈 공간을 꽉 채워 주고 필자의 가슴을 뛰게 하였다.

50분간의 공연 내내 스윙감 넘치는 서로의 선율이 밀고 당겼다를 반복하고, 농익은 시간의 축적에서 우러나온 조화로 인해 실력 있는 밴드의 품격을 느낄 수 있었다.

어떤 향기를 맡으면 과거의 어떤 상황이 문득 생각날 때가 있듯, 어떤 음악을 들으면 과거 추억의 서랍 속에 보관하고 있던 기억들이 알알이 되살아나기도 한다. 오늘 저녁 '디바 야누스'에서 즐겼던 재즈 공연은 40여 년 전 학창 시절 술에 취해서 비틀거리며 신촌역 앞 야누스의 어두컴컴한 계단을 지나 지하로 내려가면, 듣는 이의 마음을 편하게 해주었던 연주와 젊은 영혼의 고독감을 씻어주던 따뜻한 분위기를 떠올려 주었다.

뮤지컬 '베토벤'

 필자는 뮤지컬의 성패를 좌우하는 것은 배우들이라고 생각하기에, 브로드웨이 뮤지컬 같은 유명한 라이선스 작품 외의 뮤지컬 공연 관람을 선택할 때는, 출연하는 배우가 누구인지 먼저 확인하는데, 뮤지컬 '베토벤(Beethoven's Secret)'은 실력 있는 옥주현과 카이(KAI)가 출연하기에 아무 망설임 없이 예매를 했다.

 본 작품은 베토벤(Ludwig van Beethoven, 1770~1827)의 일생과 사랑을 그린 EMK 뮤지컬 컴퍼니의 창작 뮤지컬로, 극작가 미하엘 쿤체(Michael Kunze)와 작곡가 실베스터 르베이(Sylvester Levay)가 협업을 했다. '팬텀 싱어'의 심사 위원을 맡아서 냉철한 심사평을 하는 것을 보고 좋아하게 된 김문정 님이 음악 감독을 맡았다. 작품의 모티브는 베토벤 사후 그의 유품에서 발견한 '불멸의 여인(Immortal beloved)'에게 발송하지 못한 세 통의 연서(戀書)에서 비롯하였는데, 그의 음악적 고뇌와 청력 상실 그리고 사랑을 주제로 전개해 나갔다. 의사로서 사족을 달자면, 그의 청력 상실 원인은 두개골 종양인 파제트병(Paget's disease)으로 알고 있다.

뮤지컬의 넘버들은 교향곡 '영웅', '운명', '월광 소나타', '비창', '엘리제를 위하여' 등 베토벤의 익숙한 음악들에 가사를 붙인 주크박스 형태로 공연되었다. 스토리가 다소 빈약했다거나, 공연 전개에 적합한 넘버들이었는지에 대한 평가는 전문가들에게 미루고, 필자는 베토벤 역의 카이와 안토니 브렌타노 역의 옥주현의 뛰어난 가창력과 섬세한 감정 표현에 극에 점점 몰입되어 갔다. 특히 2부 끝 무렵, 편곡한 운명 교향곡을 배경으로 카이가 엔딩 곡 '너의 운명'을 부를 때는 전율을 느끼기도 했다.

뮤지컬이나 오페라 공연에서 배우들의 연기와 음악 외에도 안무, 조명, 무대, 연출 등도 눈여겨보는 편인데, 특히 음악을 시각화한 존재인 혼령들의 안무가 인상적이었다. 나중에 찾아보니 안무 감독 문성우 님의 작품이었다. 그는 "다양한 장르의 춤을 복합적으로 응용해서 베토벤의 삶과 고독을 아름다운 움직임으로 승화시켰다"고 말한다.

공연의 3요소는 무대, 배우, 그리고 관객이라고 하는데, 지난 3년간 길고도 힘들었던 코로나19 판데믹으로 인하여 공연에 목말랐던

'중년(?) 관객'은 '무대'와 '배우'가 잘 짜여진 창작 뮤지컬 '베토벤'을 주위 지인분들께 권하고 싶다.

슈베르티아데

 여러분은 '슈베르트(Franz Peter Schubert, 1797~1828)'하면 무엇이 먼저 떠오르세요?

 저는 차가운 겨울바람이 부는 쓸쓸한 느낌의 겨울 저녁에 따뜻한 커피와 함께 들으며 아픔과 상념을 위로해 주는 '겨울 나그네(Winterreise)' 음악이 생각납니다. 사실 '빈터라이제(Winterreise)'는 '겨울 여행'이란 뜻인데, 누가 번역했는지 '겨울 나그네'가 더 어울리고 운치 있는 듯합니다. 빌헬름 뮐러(Wilhelm Muller)의 시에 슈베르트가 곡을 붙인 '겨울 나그네'는 24곡으로 구성된 연가곡인데, 우리에게 익숙한 곡은 다섯 번째 곡 '보리수(Der Lindenbaum)'이지요. '린덴바움'은 '피나무'인데, 일부러 번역을 '보리수'라고 했는지, '피나무'보다는 '보리수'가 더 서정적인 느낌이 듭니다.

 겨울 지나고 따뜻한 봄의 전령인 산수유가 노랗게 핀 소식이 남녘에서 전해지는 3월의 어느 날 저녁, 벗의 초청으로 슈베르트 음악 공연을 하는 '자양 스테이션'이란 곳을 찾았습니다. 사실, 슈베르트하면 눈 내리는 추운 겨울에 듣는 음악이라는 선입견을 갖고 있었지요. 자양동 주택가 골목 안에 자리 잡은 그곳은 파리에서 30여 년 동안 음악 활동을 한 피아니스트 박혜영 님이 가까운 지인과 마을 주민들을 위해 4년 전에 오픈한 살롱 콘서트장입니다. 코로나로 인하여 정기적인 공연이 개최된 것은 지난해 가을부터라고 하더군요. 개인 주택 지하에 50개 정도 객석을 갖춘, 아늑한 공연장에 시간에 맞추어 편한 복장의 청중들이 하나둘 와서 객석 뒤 공간에서 와인 한잔 하며 서로 인사를 나누는 것을 보니, 참석자들은 이미 서로 아는 사이인 듯했습니다.

오늘 공연 제목은 '끌레 앙상블(Cle Ensemble)'과 함께 '슈베르티아데'(Schubertiade)라고 하는데, '슈베르티아데'란 '슈베르트의 밤', '슈베르트와의 친구들의 모임'이란 뜻이라고 하더군요. 오늘 공연의 레파토리는 'String Quintet in C Major Op.163 D.956'였습니다. 이 곡은 그의 사후 20여년이 지난 1850년에 초연되었는데, 그가 세상을 떠난 이후에 초연된 작품들이 많아서 그를 '죽어서도 작곡하는 사람'이라고도 했지요. 처음 듣는 곡이었지만, 공연 전 끌레 앙상블 첼리스트 최주연 님의 자세한 해설 덕분에 음악에 공감하며, 두 대의 첼로가 포함된 현악 5중주가 표현하는 다양한 음색의 끌레 앙상블 연주에 시나브로 몰입되었지요. 그의 힘들었던 인생에 대한 슬픔과 상실감을 아름다운 선율로 위로하고 치유하는 곡이었습니다.

슈베르트는 "내가 사랑을 노래하려고 할 때마다 사랑은 고통이 되었고, 고통을 노래하려고 할 때마다 그것은 사랑이 되었다."라고 말했지요. 공연이 끝난 후, 박혜영 님의 클로징 말씀처럼 "슈베르트의 음악은 누군가에게 위로를 주며 아픈 마음을 치유하게 하는 음악 치료(Music therapy)가 될 수 있다"는 말에 동감을 하였습니다.

공연이 끝난 후, '미완성 교향곡(Unfinished)'이 울려 퍼지는 귀갓길 차 속에서 그는 다정하게 속삭이듯 사랑을 노래하고, 필자는 벙싯거리며 화답하니, 차 속은 또 하나의 '슈베르티아데'가 되었습니다.

윈튼 마샬리스 (Wynton Marsalis)

 한 해에 재즈와 클래식 부문의 그래미 어워드를 동시에 수상한 유일한 음악가이자 재즈계에서 가장 위대한 음악가 중 한 사람으로 손꼽히는 윈튼 마샬리스(Wynton Marsalis, 1961~)의 내한 공연 소식을 접하고 LG 아트센터 예약 사이트에 들어가 보니, 이미 전석 매진이었다. 혹시 취소하는 티켓이 있을까 해서, 매일 한 번씩 검색

한 끝에 2주 만에 운 좋게 두 장을 확보할 수 있었다.

 넥타이를 매고 양복을 말쑥하게 차려 입은 윈튼 마샬리스를 포함한 7인조(Septet) 밴드는 시작부터 재즈의 향을 세련되게 전해와, 가슴이 두근거리고 공연에 대한 기대감을 갖게 하였다. 눈을 감으니, 앉으면 무게에 따라 푹 꺼지는 소파에 몸을 맡기고 블루지한 음악을 즐겼던 십수 년 전 뉴올리언스 프렌치쿼트의 어느 재즈바가 떠올랐다.

 경쾌하지만, 깔끔하고 절제된 그의 트럼펫 연주에서는 난생처음 트럼펫 음이 부드럽다는 느낌을 받았고, 그의 따뜻한 정감이 필자의 가슴 속으로 넘어오는 것을 느꼈다. 베이스는 말 잘하는 사람이 세상사는 얘기를 하듯 담담하게 리듬을 타고, 솔로 연주에서의 깊은 울림은 세상 사람을 치유하고 위로하는 힘이 있었다. 군더더기 없고 이음매 없이 물 흐르듯 자유분방한 피아노 음에 스윙감을 느끼면서, 필자는 박자에 맞추어 발바닥을 바닥에 차면서 리듬에 몸을 맡기기도 했다. 드럼은 튀지 않고 연주의 결에 스며들다가, 솔로 파트에서는 때로는 격렬하게 때로는 잔잔하게 밀고 당기며, 즉흥과 자유를 느끼게 하였다. 각자의 솔로 파트에서 다른 연주자들의 모습을 유심히 관찰하기도 했는데, 서로를 배려하고 존중하는 모습이 보였고, 그 마음은 청중들에게 고스란히 전달되어 연주자와 청중간 소통과 교감이 되는 공연을 만들어가고 있었다.

음악은 뇌를 자극하여 도파민을 분비하고 즐거움을 느끼게 한다는데, 실력 있고 다양한 음색의 윈튼 마샬리스의 7인조(Septet) 밴드는 환상의 하모니를 이루어 즐거움에 더하여 위로를 주고 행복을 느끼게 했던, 최고의 연주를 선물해 주었다.

(사족) 공연 전 LG아트센터를 품은 서울 식물원 산책과 안도 타다오(Ando Tadao, 1941~)의 작품인 LG 아트센터 내부를 둘러보는 것은 덤이었다.

"로비와 아트리움, 통로 등이 각각 눈에 띄는 특징을 갖게 하여 '여기밖에 없는 공연장'을 만들고 싶었습니다."

-안도 타다오-

이자람 판소리 '이방인의 노래'

 필자에게 '판소리'는 갓 쓰고 도포를 입은 나이 지긋한 '인간문화재'가 부채 들고 지루한(?) 톤으로 창을 하는 장면이 연상되고, 임권택 감독의 '서편제' 영화 장면도 생각나게 한다. 검색을 해보니, 판소리는 17세기부터 등장한 한국의 전통 음악이자 연극이라고 한다.
 소리꾼 이자람(1979~)님의 판소리 '이방인의 노래' 공연을 우연히 알게 되어 을지로 'CKL stage'를 찾았다. 남미 콜롬비아의 소설가 가브리엘 가르시아 마르케스(Gabriel Garcia Marquez, 1927~2014)의 단편 소설 '대통령 각하, 즐거운 여행을(Bon Voyage, Mr.President)'를 이자람 님이 판소리로 창작하였다고 하는데, 먼저 소설을 판소리로 만들어낸 창의성에 깜놀하게 되고, 비슷하게 창작한 어니스트 헤밍웨이의 '노인과 바다' 판소리극도 기회가 되면 만나보고 싶다.
 판소리 공연을 직접 관람하기는 처음이기에 사뭇 기대가 되었다.

공연장을 찾은 관객들 대부분이 젊은 여성들로, 국악은 나이 든 사람들이 좋아할 것이라는 필자의 선입관이 보기 좋게 무너졌다.

공연에 앞서 이자람 님이 '판소리'는 '소리꾼 한 명이 고수(鼓手)의 가락에 맞춰 노래와 말로 이야기를 풀어내는 것'이라고 설명하며, 판소리는 '청중'의 호응이 중요하니 청중들에게 중간중간에 '얼씨구', '얼쑤', '좋~다' 등 추임새를 넣어 달라고 하니, 우리 판소리 공연은 공연자와 청중이 함께 호흡해서 꾸며지는 것 같다.

높고 낮은 음을 자유자재로 내고, 간드러지게 끊어질 듯 이어지는 소리도 대단했지만, 노부부와 전직 대통령 등 등장인물 3인의 특색을 살린 표정, 몸짓, 말투도 대단해서 저런 젊은 재주꾼이 있었나 계속 감탄하게 된다.

이런 공연은 ㅁ자 형태의 대청마루가 있는 고택 마당에서 해도 괜찮겠다 하는 생각이 들었고, 무대 한켠에 앉은 고수가 신명 나게 장구를 치니, 필자의 몸이 먼저 반응하여 어깨를 들썩이게 된다. 무대 또 다른 한켠의 기타리스트도 리듬과 박자를 맞추어, 그녀의 소리와 잘 어우러져 소리를 더욱 풍성하게 하였다.

서양의 오페라 음악 혹은 뮤지컬과 유사한 장르이지만, 서민의 애환을 담은 판소리는 장단이 익숙하고, 청중과 함께 서로 소통하는 음악이기에 더욱 친근감을 느낄 수 있었다.

　20세기 들어서 급격히 서양 문명을 받아들이면서, 우리 것을 너무나 많이 잃어버리고 우리의 음악인 '국악' 혹은 '판소리'를 지루하고 고리타분하다는 편견을 가지게 된 것은 아닌지, 스스로를 되돌아보게 한 실력 있는 '소리꾼 이자람'님의 훌륭한 공연이었다. 세계 각지에서, 초청받아 공연을 하였다고 하니, 우리 판소리가 외국인에게도 통하는 문화인가 싶기도 하였다.

문화 공간 '봄 (Bomm)'에서 느낀 감흥

'예술의 전당'이나 '세종문화회관' 같은 대형 공연장에서 비싼 입장료를 내고 입장한 음악회에서 근사하게 차려 입은 관객들 사이에 앉아서 감흥이 제대로 전달되지 않아서 불편했던 기억은 없었나요?

고교 후배가 운영하는 부산 대학 앞 문화공간 '봄(Bomm)'에서는 지난 주말 필자를 포함하여 여섯 명만 초대된, 작지만 특별한 음악회가 한 시간 동안 개최되었습니다. 부부인 피아니스트 진영선 님과 바이올리니스트 정진희 님의 듀오 음악회였는데, 연주자의 숨소리까지 느낄 수 있는 가까운 좌석에 앉아 이들의 환상적인 앙상블 공연으로 감성의 울림이 온몸으로 퍼지는 체험을 했습니다.

첫 레퍼토리(Repertory)인 베토벤(Beethoven)이 작곡한 바이올린과 피아노를 위한 소나타(Fruhling-Sonate Op.24)는 봄을 맞이

하듯 빠르고 경쾌하게(Allegro) 시작했고, 파질 세이 스타일로 자유롭고 리드미컬하게 편곡한 모짜르트의 터키 행진곡(W.A Mozart-Fazil Say Turkish March)을 연주할 때는, 필자도 흥에 겨워 허공에 건반을 치듯 몸이 따라 움직였습니다.

서정적인 쇼팽의 녹턴(F. Chopin Nocturne Op.9, No 2)으로 지치고 긴장했던 하루를 가라앉히고 위로를 받을 수 있었으며, 로만 폴란스키 감독의 영화 '피아니스트'의 여러 장면들이 연상되었습니다. 마지막 곡으로 러시아 정교 교회의 종소리로 시작하는 묵직하고 유장한 라흐마니노프(S Rachmaninoff) 'Prelude Op.3'은 마지막 음이 끝나도 짙은 여운이 공연홀의 빈 공간을 채워 나갔습니다. 비록 소수였지만 환호성만큼은 크고 뜨거웠던 관객들의 반응은 연주자들 마음에 충분히 전해졌으리라 믿어 의심치 않았습니다. 브라뷔(Bravi)!

공연 후에는 무대 뒤편에 잘 차려진 음식과 와인을 들면서 연주자, 관객들과 음악에 대한 이야기를 나누며 즐거운 시간을 보냈습니다.

같은 음악이라도 언제, 어디에서 듣느냐에 따라 감흥은 다르게 다가오게 되는데, 작은 공간에서 어릴 때부터 호흡을 함께 맞춘 부부 연주가의 아름다운 공연으로 받은 감흥은 앞으로 오랫동안 기억 속 한 자락에 깊게 새겨질 것 같습니다.

서울 팝스 오케스트라 창단 34주년 기념 음악회와 향수 (鄕愁)

'팝스 오케스트라'는 대중음악, 뮤지컬 및 영화 음악 등 장르를 불문하여 연주하고, 클래식 음악을 신나게 편곡하여 대중과 즐겁게 소통하는 오케스트라이다. 프랑스에 폴 모리아(Paul Mauriat) 악단, 미국에 보스톤 팝스 오케스트라가 있다면, 한국에는 하성호 단장의 서울 팝스 오케스트라가 있는데, 지난 화요일 창단 34주년 기념 음악회가 있어서 '해설피(해질 무렵 햇볕이 엷거나 약한 모양)' 저녁에 예술의 전당을 찾았다. 한여름 밤 우면산 시원한 바람이 내려오는 광장에 앉아 음악 분수 쇼를 즐기는 인근 주민들의 '도란도란' '지줄대는(다정하고 나긋나긋한 소리를 내는)' 모습이 평화롭다.

서울 팝스 반주 하에 바리톤 고성현 님과 소프라노 진윤희 님이 정지용 선생 시(1927)에 김희갑 선생 작곡(1989)의 '향수'를 부르는 모습을 보면서, 필자의 삼십 대 젊은 시절에 문 모 교수와 함께 즐겨 불렀던 추억을 잠시 회상하기도 했다. 사실 '향수'는 홍난파 선생의 제자였던 채동선 선생이 독일 유학후 작곡한 서정적인 가곡(1939)인데, 그는 1953년 한국동란 피난 시절에 복막염으로 사망하였다고 한다. 다음에 언제 기회가 되면, 전남 보성에 있는, '서리 까마귀 우지 짖고 지나갈' 그의 생가에 '따가운 햇살을 등에 지고' 찾아가 보고 싶다.

서울 팝스의 고정(?) 레퍼토리인 '베토벤 교향곡 5번(운명) 팝스(Beethoven Symphony No.5 in pops)'와 '쇼팽 연습곡 '혁명'팝스'(Chopin Etude op10-12 'Revolutionary' in pops)는 팝적인 요소로 경쾌하게 편곡해서 연주했는데, 폴 모리아(Paul Mauriat) 악단의 그것보다 더 감동을 주는, 필자의 최애곡이기도 하다.

영화 '캐리비안의 해적 OST는 영화 음악의 3대 거장 중의 한분인 한스 짐머(Hans Zimmer)가 작곡한 음악인데, 연주 내내 영화의 장면들을 회상하며 즐겼다.

마지막 곡의 역동적인 지휘가 끝난 후, 땀에 젖어 '함추름'(젖은 모습이 가지런하고 차분한 모양)해진 하성호 단장은 앞으로 30년만 더 봉사하고 은퇴하고 싶다고 말한다. 그의 타고난 체력과 건강관리, 거기에 열정이 더해져서 가능할 것 같다는 생각이 들었다.

다시 한 번 서울 팝스 오케스트라의 창단 34주년을 진심으로 축하합니다.

피아졸라, 바흐를 만나다 (Piazzolla Meets Bach)

피아졸라(Astor Piazolla, 1921~1992)가 바흐(Johan Sebastian Bach, 1685~1750)와 무슨 관계가 있을까? 예술의 전당 홈페이지에서 흥미로운 공연 제목을 보고 궁금증을 갖고 예약했다.

지난 주말 찾은 예당 입구에서 나누어주는 공연 브로셔 앞면에는 커피를 마시고 있는 바흐와 반도네온(Bandoneon)을 연주하고 있는 피아졸라의 카툰이 재미있게 그려져 있었다.

바흐는 '커피 칸타타'에서 "수천 번의 키스보다 더 사랑스럽고, 모스카토 와인보다 더 부드럽지"라며 커피 맛을 찬양하기도 했던 커피 마니아 였다.

무릎에 올려놓고 연주하는 반도네온은 탱고 음악에 많이 쓰이는 악기인데, 누에보(nuevo) 탱고 창시자인 피아졸라는 서서 연주한 것으로 유명하다. 오늘 연주자는 과거 여러 차례 다른 공연장에서 봤던 고상지 님이다.

해설을 맡은 김문경 님은 약대를 나온 약학 박사 출신으로, 사무관, 변리사로 활동한 특이한 경력의 소지자로 현재는 음악 평론가와 해설가로도 활동 중인데, 목소리가 참 좋고 첫인상부터 신뢰감이 들었다. 그의 해설에 따르면, 피아졸라가 제일 좋아했던 음악이 바흐의 곡이었고, 가장 싫어했던 음악이 '라 쿰파르시타(La Cumparcita)'로 대표되는 우루과이 탱고였다고 한다.

피아졸라는 4세 때 아르헨티나에서 미국 뉴욕으로 이주했는데, 라흐마니노프(Sergei Rachmaninoff)의 제자가 이웃집에 살아 서로 교분을 쌓았고, 낮에는 클래식 음악, 밤에는 탱고 음악을 연주하여 지킬 & 하이드의 삶을 살았다고 한다.

김문경 님이 재미있는 PPT로 전문적인 음악 해설을 해줄 뿐 아니라, 중간 중간 피아노 연주를 곁들이는데, 웬만한 프로페셔널 피아니스트 수준이다. 음이 하나씩 끊어지는 베토벤과 달리, 바흐의 음악은 시냇물처럼 물 흐르듯 멜로디가 이어진다며 피아노 시연을 하는데, 연주를 들려주다가 "이러다가 계속 끝까지 치겠다"고 하여 청중의 짧은 웃음이 터졌다. 그러고 보니, 'bach'는 독일어로 시냇물이란 뜻이라는 말을 들은 기억이 났다.

하프시코드(Harpsichord), 바로크 바이올린, 반도네온이 'G 선상의 아리아'를 협주하는 색다른 공연을 즐겼고, 소치 올림픽에서 김연아가 연기하며 깊은 인상을 남겼던 '아디오스 노니노(Adios Nonino)', 그리고 반도네온의 서정성 깊은 음과 여러 악기들의 조화로 환상적인 화음을 선사한 '리베르탱고(Libertango)'를 들으면서는 피아졸라의 천재성을 다시 한 번 느낄 수 있었다.

이런 천재적인 탱고 작곡가가 정통을 벗어났다는 이유로 정작 아르헨티나에서는 사랑받지 못했다고 하니, 아이러니라는 생각이 들었다.

현재의 작곡 기법을 확립하여 '음악의 아버지'라고 불리우는 바흐와 아르헨티나의 춤곡이었던 탱고 음악을 세계적인 연주곡으로 재탄생시킨 피아졸라는 새로운 음악 세계를 구축하였다는 점에서 공통분모가 있겠고, 서로 다른 장르와 시대를 짜임새 있게 연결한 실력 있는 연주자들과 해설가 덕분에 매우 행복한 주말 오후 시간을 보냈다.

건축

자연미를 추구한 건축가

 이타미 준(Itami Jun, 유동룡, 1937~2011), 그는 재일 교포로서 한국 국적을 포기하지 않았지만, 일본과 한국 모두에서 이방인 취급을 받고 경계인(境界人)의 삶을 살았다. 외롭고 그러나 치열한 삶을 살았을 그는 컴퓨터 그래픽을 이용한 설계를 지양하고, '손으로 드로잉'하며 작품에 혼(魂)을 불어넣었다고 한다.

 작년 12월 제주 여행에서 그의 작품 세계를 잠시 접해 보았는데, 방주 교회는 하늘을 품은 연못에 떠 있는 듯한 건축물로서 노아의 방주를 모티브로 설계했다고 한다. 평소 교회 건물에 대한 고정적 관념을 벗어난 낯선 새로움에 감동했다. 배 모양의 지붕은 햇살이 내려앉으며 물고기 비늘처럼 반짝거린다. 내부로 들어서니, 조명 대신 자연의 빛을 그대로 끌어들여 따뜻하게 품고 있다.

 수풍석 박물관. 물은 하얀 구름과 파란 하늘을 자연 그대로 담고 텅 빈 충만감을 느끼게 한다. 한옥의 들문을 올리면 사방과 소통하는 그런 공간이 연상되었다. 자연과 소통하며 순리를 거스르지 않는 그의 건축 철학이 느껴지고 방문객의 마음을 넉넉하게 한다. 다시 한 번 와 보고 싶고, 더 오래 머물러 보고 싶은 공간이었다.

  다음에 기회가 되면 그가 설계했던, 제주의 오름을 형상화한 포도 호텔에 여장을 풀고 싶다.

  지난 주말 찾은 온양 구정 아트센터도 그의 작품인데, 거북선을 모티브로 설계했다고 한다. 건물은 주위 언덕의 능선과 자연스럽게 어울렸는데, 코로나로 인해 휴관 중이어서 아쉽게도 내부에는 들어가지 못했다.

  그가 한국에 남긴 아름다운 건축물 덕분에 방문객과 지역 주민을 행복하게 만들고, 아름다운 사회가 만들어지리라. 제주 저지리 예술인 마을, 그와 친했던 김창열 화백 미술관 인근에 '이타미 준 기념관'이 지어지고 있다고 하니, 예술인 마을에서 또 하나의 명소가 될 것으로 사뭇 기대가 된다.

자연미를 추구한 건축가

오래된 가구처럼

청담동 지인의 갤러리에 그림을 보러 갔다가 우연히 장 프루베(Jean Prouve, 1901~1984)를 만났다. 말 그대로 뜻밖의 발견, 세렌디피티(serendipity)이다.

그는 20세기 프랑스를 대표하는 건축가이자 가구 디자이너인데, 가구에 금속을 도입한 실용주의 디자이너이다. 2차 세계대전 당시 프랑스군의 막사 혹은 난민 숙소로 약 400개 정도 제작한 조립식 주택인 '해체할 수 있는 집(Demountable house)'이 현재 온전한 형태로 남아 있는 것이 몇 개 없다고 하는데, 이역만리 떨어진 서울 강남에서 보게 될 줄 이야…!

안으로 들어서니, 오래된 목재의 단단한 질감이 바닥으로부터 전해지고, 나이테를 안으로 새기며 사람과 함께 나이가 든 나무의 향기가 느껴진다. 오래된 목재 벽과 가구를 보니, 지나간 세월에 대한 기억과 흔적이 되살려지며 '노스탤지어'를 불러일으킨다.

내부 가구를 따뜻하게 어루만지는 기능과 조형미를 갖춘 스탠드 조명은 빛바랜 목재에 생명을 불어넣고 있는 듯했다. 스탠드도 아마 그의 작품인 듯하다.

실내에 놓여진 작은 그러나 견고하게 생긴 피에르 잔느레(Pierre Jeanneret) 의자와 탁자를 보니, 미니멀리즘을 대표하는 도날드 저드(Donald Judd)의 작품도 연상되었다.

빛바랬지만 튀지 않고 주위와 잘 어울리는 오래된 가구처럼 그리고 나무의 향기처럼, '사람 내음'을 풍기며 나도 그렇게 늙어가고 싶다.

중남미 문화원에서…

경기도 고양시에 위치한 '중남미 문화원'은 이복형 대사와 홍갑표 여사가 30여 년 동안 멕시코, 코스타리카, 아르헨티나 등 중남미 국가의 외교관으로 근무하면서 지역의 벼룩시장에서 값싸게(?) 구입, 수집한 지역 문화 예술품들과 그곳에서 가져온 기둥과 문짝까지 한데 모아 1994년에 건립한 곳입니다. "재산은 사회로부터 벌어들인 것이기 때문에 결국 사회에 환원해야 하며, 문화는 소유가 아니라 나눔이다"라고 말하며 평생 일구어낸 이곳을 경기도에 아름다운 기부를 하셨네요.

구십이 된, 그러나 여전히 꼿꼿한 자세와 또렷한 음성의 홍갑표 재단 이사장님이 직접 안내하여 둘러보았는데, 문화원 곳곳에 전시된 토기, 토우, 석기, 가면, 공예품 그리고 미술품을 감상하며 설립자의 꿈, 노력과 열정을 느낄 수 있었습니다.

필자의 마음이 시간과 공간을 뛰어넘어 이름 모를 중남미 작가의 작품 세계와 공감하면서, 박물관은 힐링 공간이 되었습니다. 좋은 공간은 사람의 마음을 뒤흔드는 힘이 있더군요.

  1996년 고양시 '건축문화 대상'을 받았다는, 이렇게 멋진 문화원의 설계를 어느 분이 맡아서 했냐고 큐레이터에게 슬쩍 물어보니, 건축 설계를 배운 적이 없다는 홍 이사장님이 직접 드로잉 했다는 말에 요즘 말로 '입틀막!', 탄성을 내지를 수밖에 없었지요.

  단풍이 예쁘게 물들어 가는 경내 정원은 나무들만의 독무대가 아니었고, 중남미 12개국 작가들이 기증한 조각 작품들이 군데군데 자리를 차지하고 있으며, 그늘 곳곳에는 맥문동이 군락을 이루고 있었습니다.

  요즘같이 날씨가 좋은 계절에는 주말 저녁에 타코(Taco) 야외 카페에서 베사메 무쵸(Besame Mucho) 연주를 들으며 테킬라 한잔 마시거나, 말벡(Malbec) 와인 잔 기울이며 피아졸라(Astor Piazzolla)의 반도네온 연주곡을 들어보고 싶더군요. 신청곡은 영화 '여인의 향기' OST인 'Por Una Cabeza'!

  중남미 국가에서 한국을 방문하는 분들의 필수 방문 코스로 자리매김한 '중남미 문화원'이란 귀한 보물을 후손들에게 물려주신 원장 이복형 대사님과 홍석표 이사장님의 큰마음과 베풂에 경의를 표하고, 두 분의 건강을 기원합니다.

어떤 작별

 교수동과 병원 사이에 있는 아파트의 재건축 공사가 시작되면서 지난 40여 년간 매연과 미세 먼지 속에서도 아무 말 없이 울타리 역할을 하며 제자리를 지켰던 단지 내 느티나무들이 속절없이 잘려 나간다. 주위 건물과 담벽의 직선과 모서리를 가렸던 나무들이 없어지니, 주위 공간은 확 트이지만 자연이 만들어낸 곡선은 사라지고 차가운 직선 벽체만 남았다.
 스페인의 건축가 안토니 가우디(Antoni Gaudi, 1852~1926)는 "직선은 인간의 선이고 곡선은 신의 선이다"라고 했는데…….

 현장 책임자인 듯 보이는 50대의 남자에게 "아름드리 나무들을 옮겨 심지, 왜 다 베어 버리냐"고 물었더니, "옮겨 심는 것보다는 베어 버리는 비용이 더 싸다"고 별것을 다 간섭한다는 인상을 지으며 시큰둥하게 답을 한다.

신록의 계절이 돌아오면, 꽃보다 아름다운 연둣빛 새순을 틔우며 봄바람에 살랑거리고, 가지마다 짙푸른 녹음이 만연해지는 여름에는 시원한 그늘을 만들며, 단풍으로 물드는 가을에는 파란 하늘과 잘 어울렸고 낙엽이 도로에 쌓일 때는 깊어가는 가을의 정취를 느끼게 했던 나무들이었는데……. 둥지 잃은 새들은 어디로 떠나갔을까?

나무들 중 가장 완강한 착지성(着地性)을 가지고 있다는 느티나무는 뿌리박은 곳에서 한평생, 몇백 년은 더 살 수 있는데, 수령이 최소 50년은 되었을, 잘 생긴 나무들을 불도저와 전기톱, 그리고 굴착기를 이용하여 베어버리고 뿌리째 솎아낸다.

나무들의 소리 없는 아우성이 들리는 듯하다.
가슴이 찡해오고 먹먹해진다.
이렇게 그들과 작별하게 되어 너무 안타깝고, 지켜주지 못해서 정말 미안하다.

여행

조계산 송광사 가는 길

지난 주말, 제10회 순천만 소화기 내시경 세미나에 강의 차 순천에 갔다가 다음 날 아침 지인 부부와 '진일기사식당'에서 김치찌개 정식으로 배를 든든히 채운 후 신라 고찰 송광사(松廣寺)를 찾았습니다. 불교에서는 불(佛), 법(法), 승(僧)을 세 가지 보배, 삼보(三寶)라고 하는데, 송광사는 합천 해인사, 양산 통도사와 더불어 한국 불교의 삼보사찰(三寶寺刹)이라고 합니다.

봄비에 벚꽃이 진 후, 보랏빛 오동나무꽃이 피면서 다시 맞이하는 연두(軟豆)의 계절에 조계산 송광사로 가는 길옆 계곡에는 맑고 시원한 물이 흐르고 있었지요. 수행하는 스님들과 방문객들의 발자국으로 천 년 이상 차곡차곡 다져진 길은 산책하기에 참 좋았습니다.

조계산 깊은 산중에는 울창한 숲 사이사이로 크고 작은 보석 같은 암자들을 품고 있습니다. 무소유 법정 스님이 거처하셨던 불일암(佛日庵)으로 올라가는 가파른 길은 숨이 약간 찰 정도였지만, 상쾌한 숲 향이 중생의 작은 불만을 상쇄시켰지요. 스님은 후박나무 아래 계시더군요. 청아한 풍경소리를 뒤로 하고, '무소유란 아무것도 갖지 않는 것이 아니라 불필요한 것을 갖지 않는다란 뜻이다'라는 스님의 말씀을 되새기며 스님이 거닐었을 오솔길을 따라 내려갔습니다.

부처님 오신 날을 일주일 앞두고 대웅전 앞 넓은 마당에는 코로나로 인해 힘들고 어려웠던 일들을 잘 극복하리라는 소망을 담은 수많은 각색의 연등들이 달려 있었고, 수령이 오백 년은 족히 되어 보이는 배롱나무의 넓은 그늘 아래에서는 부처님의 '베풂과 나눔'이 느껴졌습니다. 절 내 제일 높은 곳에 오르니 주위 산세와 기와지붕, 그리고 텅 빈 파란 하늘의 조화가 세속을 벗어난 넉넉함과 평화로움으로 다가왔습니다.

세 시간 정도 산책 후 송광사에서 나와서 '벽오동'이란 보리밥 정식집에서 동동주 반주를 곁들인 산채 비빔밥으로 점심을 하였습니다. 아침에 이은 과식으로 귀경 후 저녁은 당연히 건너뛰어야 했지요.

느낌표와 감탄사를 연발했던 순천 여행으로 인하여 다음 방문 때까지 한동안 '순천 앓이'로 고생할 것 같습니다.

Sonoma Valley Winery Tour

 소노마(Sonoma) 밸리는 지역 원주민 언어로 '달의 계곡(Valley of Moon)'이란 뜻인데, 나파 밸리와 달리 소박하고 한적한 시골 풍경을 고스란히 간직하고 있다.

 완만한 구릉에 끝없이 펼쳐진 포도밭을 보니, 방문객의 마음이 평화로워진다.

 캘리포니아 연안 해류에 의해 밤부터 다음 날 아침까지는 솜털 이불 같은 하얀 안개가 500여 개의 와이너리를 포근하게 덮고, 낮에는 따뜻한 햇살이 비추어 포도나무 생육에는 더없이 좋은 환경이라고 한다.

 1990년에 오픈한 비안사 와이너리(Viansa Winery)에는 입구부터 와인 테이스팅 건물까지 가는 길 양옆으로 고흐(Vincent van Gogh)가 좋아했던 사이프러스 나무가 도열해 있고, 포도나무와 생육 환경이 비슷하다는 올리브 나무도 많이 식재하여, 이태리 토스

카나 지역 와이너리와 유사한 느낌을 갖게 하였다. 그래서인지 이곳의 안내 브로셔에는 "Tuscan-born, Sonoma raised(토스카나 태생, 소노마에서 자람)."라고 적혀 있다.

 따뜻한 햇살 아래 탁 트인 포도밭이 내려다보이는 야외 테이블에 앉아서 와인 테이스팅을 했는데, 첫 번째 샤도네이(Char-donnay)에서는 레몬과 미네랄 향이, 두 번째 피노 누아(Pinot Noir)는 우아한 색과 함께 체리향이 느껴졌다. 몬테풀치아노(Montepulchiano)는 담배 향, 그리고 마지막 카베네 소비뇽(Cabernet Sauvignon)에는 묵직한 바디감이 느껴졌다.

 다음으로 방문한 부에나 비스타 와이너리(Buena Vista Winery)는 1857년 설립한 캘리포니아 최초의 와이너리로 스파클링 와인이 대표 와인인데, 미국 역사기념물(National Historic Landmark)로 등록되어 있다고 한다. 부에나 비스타(Buena Vista)는 스페인어로 'beautiful view(아름다운 전망/경치)'란 뜻인데, 주차장에서부터 와인 테이스팅 건물까지 산책길이 잘 조성되어 있었다.
 건락 번슈 와이너리(Gundlach Bundschu Winery)는 1858년 설립하여 가족 소유로 6대째 이어지고 있다고 한다. 소믈리에(Sommelier)에게 와이너리 이름을 발음하기 어렵다고 하니, 코르크 마개에 그려진 총(gun), 자물쇠(lock), 빵(bun), 그리고 신발(shoe)로 기억하면 된다고 한다. 샤도네이에서 배(pear) 향이 난다고 했더니, 소믈리에가 엄지손가락을 치켜든다.

사실 이번 소노마 밸리 투어는 지인이 추천한 도넘 에스테이트(The Donum Estate) 방문이 주목적이었다. 2001년 홍콩에서 의류 공장을 운영하고 있다는 덴마크 남편과 중국인 아내 부부가 설립한 이곳은 200에이커(acre, 약 24,000평) 면적으로 피노 누아와 샤도네이를 생산하고 있다.

와이너리 입구에는 인천 파라다이스 호텔에서 본 적이 있는 하우메 플렌사(Jaume Plensa)의 작품 'Sanna'가 신비한 모습으로 낯선 방문객을 반긴다. 와인 테이스팅 건물 앞 물 위에 서 있는 쿠사마 야요이(Kusama Yayoi)의 '호박(Pumpkin)' 작품은 노랑, 빨강 등 화려한 그녀의 작품과 달리 어두운 빛의 청동 소재로 보이는데, 야외 설치용으로 주문 제작했다고 한다. 그곳에서 가이드를 만나서 함께 와이너리 곳곳에 보석처럼 자리 잡고 있는 50여 점의 대형 조형 작품들을 둘러보았다.

리처드 허드슨(Richard Hudson)의 'Love me'는 7m 높이의 하트 모양의 스틸 작품인데, 한 면은 움푹 들어가 있고, 다른 한 면은 불룩 튀어나와 임신한 여성을 연상시키는 사랑의 의미를 담고 있다고 하며, 보는 이의 각도에 따라 표면에 주위 전경(landscape)이 다양하게 반사되어 보인다.

수많은 풍경(Wind chime)으로 이루어진 더그 에이킨(Doug

Aitken)의 'Sonic Mountain'은 손으로 풍경 몇 개를 건드리니, 맑고 청량한 음으로 화답한다. 센 바람이 부는 날에는 500미터 정도 떨어진 와인 테이스팅 건물에서도 풍경 소리를 들을 수 있다고 한다.

스테인드 글라스로 된 삿갓 모양의 '수직 파노라마 파빌리온(Vertical Panorama Pavilion)'이라는 야외 시음 공간은 올라퍼 엘리아슨(Olafur Eliasson)의 작품인데, 소노마의 온도, 습도 등 기후를 24개의 서로 다른 색의 패널로 구성하였다고 한다. 이곳에서 와인 한잔하면 '예술과 와인의 만남'을 실감할 수 있을 것 같았다.

와인병과 포도송이 모양의 '소마(Soma)'는 수보드 굽타(Subodh Gupta) 작품으로 인도 가정에서 쓰이는 스테인레스 부엌 용품으로 만들었다고 한다.

검은 색 병사들이 열을 맞추어 도열해 있는 웨민쥔(Yue Minjun)의 조각품 'The Warriors'도 인상적이었는데, 중국에서 가져오기 쉽지 않았겠다고 하자, 부분부분 제작해 가져와 조립, 설치했다고 하며, 처음에 작가는 천여 개를 설치하고자 하였으나 현실적인 제약으로 수를 줄였다고 한다.

루이즈 부르주아(Louise Bourgeois)의 '마망(Maman)'은 그만을 위한 별도의 건물에 아름다운 조명을 받으며 서 있는데, 다른 어떤 곳의 마망보다 아름다웠다.

언덕 위에 설치되어 멀리서 바라본 키스 해링(Keith Haring)의

'King and Queen'은 검은 쇠로 형체를 묘사하였는데, 왕이 왕비를 포옹하고 있는 형상이라고 한다.

그 외에 존 레논(John Lennon) 총기 살인 사건 이후 스웨덴의 칼 프레더릭 로이터스워드(Carl Fredrik Reutersward)가 제작한 'The Knotted gun, Non-Violence', 중국의 아이 웨이웨이(Ai Weiwei)의 십이간지 동물상인 'Circle of animals, 뉴욕 월 스트리트에서 본 적이 있는 아르투로 디 모디카(Arturo di Modica)의 'Charging Bull', 페르난도 보테로(Fernando Botero)의 'Walking man', Robert Indiana의 'Love' 등 세계적인 예술 작품들을 둘러보느라 한 시간이 금방 지나갔다.

아트 투어를 마치고 와인 테이스팅 홀 안으로 들어서니 루이스 폴센(Louis Poulsen) 램프가 나뭇잎 같은 램프 갓으로 빛을 분산시켜 고급스러운 분위기를 연출하고 있고, 과장된 웃음을 짓고 있는 웨민쥔(Yue Minjun)의 그림과 류샤오동(Liu Xiaodong)의 Into Taihu 그림이 벽면을 차지하고 있다. Into Taihu속 오염된 호수에 노(櫓) 없이 배에 타고 있는 젊은이들의 공허한 시선에 감정이입이 된다. 배경의 새들처럼 훨훨 날고 자유롭고 싶었을 이들의 운명은 어떻게 되었을까……. 시음한 약간 드라이한 샤도네이에서는 과일향과 버터향이 느껴졌고, 연한 루비색의 피노 누아에는 체리향, 버섯향이 났다.

The Donum estate에서는 매년 2~5개의 예술 작품들을 구입한다고 하니, 5년 후쯤 이곳에 다시 방문하고 싶다는 생각이 들었다. 또한, 이번에 못 가 본 Hamel Family Winery, Ram's Gate Winery, 그리고 Coppora Winery 등도 방문 리스트에 올려놓고 언젠가 꼭 가보고 싶다.

루마니아 부쿠레슈티

로마인들의 땅을 의미한다는 루마니아(Romania)에 왔습니다. 남쪽으로는 불가리아, 북쪽으로 우크라이나 사이에 있는 나라이더군요. 필자가 루마니아에 대해서 알고 있는 지식은 체조 선수 코마네치(Nadia Comaneci)를 배출한 나라, 장기 집권했던 독재자 챠우셰스쿠(Nicolae Ceausescu), 그리고 드라큘라와 관계있다는 세 가지가 전부였습니다.

인구 200만명의 부쿠레슈티(Bucharest)는 루마니아의 수도이지요. 공항에서 호텔까지 오는 택시의 바가지요금으로 첫인상이 좋지 않았지만, 다음 날부터 학회가 시작하기에 여장을 풀고 함께 온 일행들과 부쿠레슈티 근교의 아름다운 자연을 즐기고 멋진 성 투어를 했습니다.

첫 번째 행선지는 펠레슈성(Peles Castle)으로, 19세기 말에 지어진 네오르네상스 스타일의 성인데, 왕실 소유의 아름다운 대저택 같았습니다. 억수같이 쏟아지는 비가 그치길 기다린 후, 촉박한 일정으로 인하여 정원 산책만 하고 아쉽게도 내부는 둘러보지 못하고 드라큘라성으로 알려진 브란(Bran)성으로 향했습니다.

브란성 내부 초입에는 역대 성주들의 초상화가 걸려 있더군요. 15세기 왈라키아 왕국의 왕이자 성주였던 블라드 쩨뻬쉬(Vlad Tepes, 1431~1476)는 왕국을 침공한 오스만 투르크 군대를 물리쳤는데, 전쟁 포로들을 잔혹하게 고문하고 처형했다고 합니다. 그는 전쟁 중 용이 그려진 문장을 사용했는데, 드라꿀(Dracul)은 루마니아어로 '용' 및 '악마'를 뜻한다고 하더군요. 1897년 아일랜드의 소설가 브람 스토커(Bram Stoker)가 발표한 소설 '드라큘라'는 그의 문학적 상상력을 동원하여 블라드 쩨뻬쉬를 공포의 흡혈귀로 만들었고, 이후 영화로 각색되어 여러 작품들이 만들어졌지만, 전 세계인들의 사랑을 받은 작품은 1992년 프란시스 코폴라 감독이 제작하고 게리 올드만, 안소니 홉킨스, 키아누 리브스 등이 출연한 영화 <드라큘라>였지요.

브라조프(Brasov)의 올드 타운에서 검은 교회(Black church)를 둘러 보고 현지식으로 저녁 식사 후 하루 일정을 마무리했습니다.

밤 비행기를 타고, 다음 날 새벽에 도착하여 첫날부터 종일 걸어다녔기에 힘들고 무리한 여행 첫날이었지만, 향후 시차 적응이 잘 되리라 기대하며 침대 보조등 스위치를 살며시 내립니다.

벌교 여행

순천에서 세미나가 있어 참석했다가 반나절 틈을 내어 평소 찾고 싶었던 보성군 벌교읍을 방문하였다. '벌교(筏橋)'는 '뗏목으로 잇달아 놓은 다리'라는 보통명사인데, 고유명사로 바뀌어 지명이 되었다고 한다. '순천 가서 인물 자랑하지 말고, 여수에서 돈 자랑하지 말고, 벌교에서 주먹 자랑하지 말라'는 말이 있어, 마을에 도착한 후에는 주먹을 쥐지도 않고 조신하게 다녔다.

아담한 산기슭에 마을이 자리 잡고 있고 마을 인구 먹여 살릴 만한 논밭과 가운데를 유유히 흐르는 개천이 평화로워 보였다. 때마침 만개한 벚꽃이 봄바람에 수런거리니, 낯선 여행객의 어색함을 어루만져 준다. 정채봉 시인은 '순천은 하늘과 땅과 바다, 이 모두가 열입곱 살 소녀가 막 세수하고 나온 얼굴 같다"고 했다는데, 청정하고 평화로운 벌교 읍내의 첫인상도 그랬다.

첫 번째 찾은 곳은 작곡가 채동선 님의 생가였다. 그는 홍난파 선생의 제자로서 1930년대에 정지용님의 시를 가사로 쓴 가곡 <고향>, <향수>등을 작곡하였다. 정지용님이 6.25 사변 당시 월북하여 그의 곡들은 금지곡이 되었다가, 1989년 김희갑 님이 작곡하고 이동원, 박인수가 부른 <향수>가 우리들에게 널리 알려지게 되었다. 그런데, 생가 대문이 굳게 잠겨 있어 드문드문 찾는 방문객들의 발길을 되돌리게 한다. 그의 음악을 들으며 손때 묻은 바이올린이나 빛 바랜 악보, 그리고 그에 대한 자료들을 볼 수 있을 것이라는 기대를 접게 한다. 아! 재작년 순천 정재봉 시인 생가를 방문했을 때 폐허가 된 채 방치된 것을 보고 안타까워했었는데…….

조정래의 대하소설 <태백산맥>은 한국의 근현대사를 조명한 소설로 벌교읍이 주된 무대이다. 젊은 시절 책을 읽다가 소설 속으로 몰입해서 책을 덮을 수 없었던 기억이 난다. 조정래 선생은 문학적 업적만큼이나 많은 흔적을 벌교 곳곳에 남겨 놓았다. '김범우의 집', '현부자네 집', 그리고 '보성 여관'은 소설의 상상력이 사실적 배경으로 만나게 되는 공간이다. '현부자네 집'에 들어서니, 대청마루의 열린 뒷문으로 바람길이 열려 자연통풍이 된다. 마루에 걸터앉으니, 앞으로 먼 산의 경관이 가득 들어온다.

소설 <태백산맥>에서 '남도 여관'으로 기술되는 '보성 여관'은 일식 목조 건축물로 잘 보존되어 있고, 입구 안 카페의 짙은 다향(茶香)이 지친 여행객의 코끝을 스친다. 시인 임용백님은 "오늘도

녹차 한잔에 모든 번뇌가 씻어지네…"라고 보성 녹차를 찬양했듯, 녹차를 마시며, 소설 속 공간으로 넘나들고 힐링의 시간을 가졌다.

꽃의 개화는 며칠에 불과하지만, 향기는 맡는 이의 기억 속에 아련히 남게 되듯 이번 짧은 벌교 여행은 기억의 서랍 속 한켠에 굳게 자리 잡고 아련한 향기를 낼 것 같다.

기타

마로니에

"지금도 마로니에는 피고 있겠지
눈물 속에 봄비가 흘러내리듯
임자 잃은 술잔에 어리는 그 얼굴
아 청춘도 사랑도
다 마셔 버렸네
그 길에 마로니에 잎이 지던 날
루루 루루루 루 루루 루루루루루
지금도 마로니에는 피고 있겠지"

가수 박건님의 '그 사람 이름은 잊었지만'이란 노래로, 요즘 같은 늦가을에 가끔 라디오에서 듣게 되는 노래이다. 직장 근처의 매봉터널 입.출구에는 마로니에(Marronnier) 나무가 몇 그루가 심어져 있다. 이번 주말부터 날씨가 갑자기 추워지면서 갈색으로 물든 단풍잎들이 세찬 바람에 낙엽되어 도로에 이리저리 딩굴고 구석진 곳에 쌓인다. 단풍잎 떠나보낸 앙상한 가지와 바람결에 스르릉 스르릉 수군대며 흩어지다가 쌓이는 낙엽들에 생명의 순환을 느끼게 된다. 서초동 예술의 전당 앞 가로수 마로니에 잎들도 계절의 깊이를 더하며 지고 있겠지……

6월에 하얀 꽃이 피는 마로니에(서양 칠엽수)는 다섯 개에서 일곱 개의 잎으로 이루어져 '칠엽수'라고 불린다. 밤(Marron)과 비슷한 열매를 맺는데, 껍질 표면에 뾰족한 가시가 있어, 가시가 없는 '일본 칠엽수'와 구별이 된다. 파리 샹젤리제 거리의 가로수로 유명한 마로니에는 안네 프랑크가 암스텔담의 다락방 창문을 통해 앙상한 가지를 보며 잎이 무성해질 이듬해 봄을 기다리는 희망을 품게 했던 나무이기도 하다. 우리나라에서 서양 칠엽수는 백여 년 전 네덜란드 공사가 고종에게 선물한 묘목을 덕수궁 석조전 뒤편에 심었던 것이 시초라고 하는데, 대학로 마로니에 공원의 마로니에는 일제 강점기에 경성 제대 구역에 심은 '일본 칠엽수'라고 하며, 이후 우리나라에서 가로수로 심은 마로니에도 대부분 일본 칠엽수라고 한다.

내년 봄에는 다시 초록빛 잎으로 풍성하게 차려입고 넉넉한 그늘을 만들 마로니에 나무들을 만나러 덕수궁 나들이 한번 다녀와야겠다.

아버지…….

지난 주말 아버님 기일에 경남 서생의 산소에 다녀왔습니다.

아버님은 엄하고 무서웠지만, 따뜻한 마음씨와 자상함을 가지신 분이셨습니다.

제일 극장, 영화사, 한흥 석유, 동흥 석유, 태진 모방, 민주 신보사 등 여러 기업체를 운영하면서 기업인으로 성공하셨고, 한국 보이스 카우트 창립 멤버, 부산상공회의소 회장, 부산. 경남 지역 로타리 클럽 총재 등을 역임하셨지요.

기업 활동 외에도 문화, 예술 쪽으로 많은 관심을 갖고 지원하였습니다.

민주 신보사 사주를 맡으면서 민주 신보사 주최의 '민전'이라는, 국내 최초의 민간 후원의 미전을 개최하여 부산, 경남 지역 화가들을 후원하였고, 음악에도 조예가 깊어 부산 KBS 악단 단장을 맡으

시면서 클래식 음악 공연 후원도 하셨지요.

 제일 극장을 통하여 저는 어릴 적부터 미성년자 관람불가 영화를 포함한 영화 감상을 자주 할 수 있었고, 60, 70년대 중반까지만 해도 부산에는 변변한 공연장이 없어 제일극장에서 가수, 음악가들의 공연을 개최하였기에, 어릴 적부터 접한 공연, 영화들이 현재의 예술, 인문학적 소양에 도움이 되었던 것 같습니다.

 또한, 태양 고등 공민학교를 설립하여 청소년들에게 고등 교육을 무상으로 지원하셨고, 당신의 號를 따서 운파(雲坡)장학재단을 설립하여 현재까지 장학사업이 이어져 오고 있지요.

 이에 70년대 후반에 '부산을 빛낸 100인'으로 선정되기도 하였습니다

 내년이면 타계하신 지 30주년이 되어 추모집을 만들고 당신을 기리는 행사를 할 수 있기를 기대해 봅니다.

 당신이 그립습니다…….

한여름 저녁 야구 경기를 직관하며

　국민학교 시절 좋아했던 운동은 야구였습니다.
　생일 선물로 받은 야구 글러브를 오랫동안 쓰기 위해 구리스 같은 바세린을 구하여 맨날 닦고 광을 내곤 했지요. 동네 야구에서 저의 포지션은 투수였기에 담벼락에 석필로 하얀 동그라미를 그린 후, 홍큐를 실밥선 따라 검지와 중지로 잡고 벽이 뚫어져라 던지는 연습을 했지요. 당시 화랑 국민학교 야구 대표선수는 1년 선배로는 조호성 선수, 2년 선배는 고정용 선수가 있었지요. 최동원 선수가 활약했던 구덕국민학교 팀에게는 맨날 졌지요. 아…옛날 일은 왜 이리 기억이 잘 나는지…….

　어제는 롯데-두산전이 열렸던 잠실 야구장을 찾았습니다.
　야구장에 가서 직관을 하면 TV에서 보는 것과는 다른 감흥이 있답니다. 푸른 잔디 그라운드에서 아직은 흙 때 묻지 않은 유니폼을 입은 선수들의 연습하는 장면, 경기전인데도 벌써 뜨거워진 3루측 관중석의 응원 열기, 아무것도 채워지지 않은 스코어 보드를 보며, 이후 전개될 각본 없는 드라마를 기대하게 되지요.

해가 지고 야간 조명이 켜지면 푸른 하늘은 더욱 진해지고, 불어오는 바람을 피부로 느끼면서 시원한 맥주를 마시며, 3루측 롯데 관중석의 환호성을 지르는 관중들의 모습을 바라보는 것만도 좋았습니다.

제가 앉은 자리는 두산 측 초청 좌석이었기에, 롯데가 안타를 치거나 점수를 내면 적당히 박수치고 조금만 즐거워하라는 구단 대표님의 주의 사항(?)은 금방 잊어버리고, 열심히 응원하고 즐거워했더니, 전준우선수의 쓰리 런 홈런에 힘입어 9:1이라는 큰 스코어 차로 대승하였습니다.

직관하면 승리를 하니 승리 요정이 된 듯합니다. '승요'가 야구장에 못 가더라도 2017년 이후 가을 야구를 못한 롯데가 앞으로는 지는 날보다 이기는 날이 많아져서 금년에는 포스트 시즌에 진출하기를 빌겠습니다.

러브 레터 Love letter

코로나19 판데믹 이전에는 연 2회 교수, 전공의, 병동 및 외래 간호사, 검사실 기수 등 내과부 전 직원들이 모여서, 신규 직원들을 소개하는 등, 부서 내 크고 작은 소식을 공지하는 자리를 가졌다. 그런데, 코로나로 인하여 원내 대면 모임이 금지됨에 따라 그동안 내과부 내 여러 소식들을 전하고자 전체 이 메일을 수차례 발송하였는데, 메일의 제목은 '내과 부장의 러브 레터'였다. '설렘'의 러브 레터가 아니고, 무미건조한 메일이라 실망하고 스팸 처리를 한 부서원도 있었겠지만, 부장의 소통을 위한 노력의 일환이었음에 양해를 구한다.

지난 주말 아내와 함께 예술의 전당에서 공연 중인 연극 '러브 레터'를 봤다. 연극은 두 남녀가 약 50년간 주고받은 그들의 삶과 추억이 녹아있는 편지로 구성되어 있었는데, 초등학교 친구로 시작해 이루어지지 못한 연인으로 편지를 통해 평생을 함께한 두 사람의 인생이 담겨 있었다. 한국 연극계를 대표하는 배우 박정자 님과 '오징어 게임'으로 유명한 배우 오영수 님이 관객을 향해 나란히 앉아서, 공연 내내 때로는 담백하게, 때로는 가슴 저리게 편지를 읽는 것이 전부인 독특한 형태의 연극이었다. 편지를 읽어 가는 모습을 보면서 시간과 공간을 뛰어넘어 배우의 감정과 사랑 이야기에 차츰 공감하게 되고, 필자도 아내가 정년퇴직할 때까지 하루에 한 번 '러브 레터'(?) 메일을 주고받았기에, 연극 '러브레터'는 '추억과 치유의 장'이 되어 갔다. 연극 속 두 사람이 늘 편지를 주고받은 것만은 아니어서 한쪽이 답장을 보내지 않아서 왜 답장을 보내지 않느냐, 라는 편지 내용을 읽을 때는 편지 속 '그리움'과 '기다림'을 공감할 수 있었다.

수녀 이해인 님의 시에서도 '러브 레터'는 삶의 이야기와 그리움을 표현하고 있다.

"…….
편지는 당신을 향한
나의 간절한 기도인 것을
눈물이고 웃음인 것을

아무리 바빠도

*생각을 멈출 수 없는
오랜 그리움인 것을"*

 코로나19가 어서 물러가 원내 대면 모임이 가능해져서, 다음 학기부터는 '내과 부장의 러브레터'도 발송할 일이 없게 되길 소망해본다.

정원 가꾸기

필자에게 정원 가꾸기는 '노동을 가장한 휴식'이다. 정원은 사계절 다양한 색과 모습으로 휴식뿐만 아니라 시적 영감을 주는 공간이기도 하다.

찬바람이 불기 시작했던 지난 주말에는 잡초를 뽑고 정원과 마당에 쌓인 낙엽을 쓸어 담았다. 단풍이 든 잎들 사이로 내려오는 한낮의 햇살이 더 이상 따갑지 않고 부드럽다. 바깥에서 일하기 딱 좋은 날씨다. 울타리 기능을 하고 있는 개천가 개나리 숲을 전지하고 돌 틈 사이 잡초를 뽑고 정리를 했다. 내주부터는 추워진다고 하길래 제라늄 화분은 월동을 위해 집안으로 들여놓았다.

텃밭의 금년 고구마 농사는 완전 실패했다. 몇 년 고구마 농사가 시원치 않자 아내는 내년에 고구마는 심지 말라고 핀잔을 준다.

늦가을의 삼인옥 정원에는 보랏빛 쑥부쟁이, 핫 립스 세이지(hot

lips sage), 그리고 노란 털머위가 있고, 남천은 수줍은 듯 빨간 열매를 내어놓는다.

 노동(?)이 끝난 후, 나무 잎사귀들이 만추의 소슬바람을 만나서 사각거리는 소리, 청명한 풍경 소리, 그리고 새소리의 하모니를 들으며 커피 한잔하는 여유가 즐겁다.

 눈에 보이는 것이 다 일이고, 이것저것 할 일이 많다. 내년 봄에는 정원 군데군데에 잔디를 새로 심어야 하고, 테라스에는 돌멩이를 걷어내고 흙을 다듬고 나서, 지난 캐나다 여행 시 부차드 가든에서 사온 혼합 꽃씨(Mixed seeds)를 뿌린 후, 꽃 피는 여름을 기다리는 행복한 꿈을 꾸고 싶다.

II. 미미탐구

지중해식 요리

 작년에 후배 교수가 지중해식 식단 식사를 하면 몸에 좋고 체중도 줄어든다고 해서 1주일간 지중해식 식사 연구에 참여한 적이 있

다. 생선, 병아리콩, 요거트, 샐러드 등에다가 핵심 식재료인 올리브 오일을 듬뿍 뿌려서 나온 느끼한 음식을 1주일 내내 먹었는데, 그 이후에도 며칠 동안 느끼한 느낌이 지속되어 고생했던(?) 기억이 있다.

지중해식 식단이란 이태리 남부, 터키, 스페인 지역 등 지중해 연안의 야채와 과일, 생선, 통곡물, 저지방 유제품 그리고 불포화 지방산인 올리브 오일로 구성된 식사로, 다이어트에 좋고 심장, 대사 질환의 예방에 도움이 된다고 한다.

어제는 지인의 초청으로 이태원 M 호텔 내 지중해식 식당에서 저녁 식사를 했다. 담당 직원이 모로코, 레바논, 터키 그리고 그리스식 요리 등을 서빙할 거라고 설명을 하는데, 사뭇 기대가 되었다.

'음식은 눈으로도 먹는다'는 말이 있는데, 첫 번째 요리부터 보색의 조합으로 인해 맛보기 전에 메뉴의 탁월한 선택에 동의했다. 무함마라(Muhammara)는 홈메이드 고추장, 호두, 피스타치오, 파프리카 등으로 만들어 짭짤 달콤했고, 후무스(Hummus)는 삶은 병아리콩 가루 반죽 가운데에 양파에 절인 양고기와 함께 잣, 톡 쏘는 카옌 페퍼(Cayenne pepper), 양념으로 커민(Cummin)을 뿌려 나왔는데, 화덕에서 막 구워 나온 따뜻한 Jou Jou 빵을 찍어 먹는 재미가 있었다.

선택한 와인은 슈냉 블랑(Chenin Blanc)으로 코로나 전 프랑스 여행 시 루아르 계곡 앙부아즈 마을에서 마셨던 기억이 났다. 드라이하고 적당한 산도와 미네랄 향이 느껴졌다.

오늘의 주요리는 도미 세비체(Ceviche)인데, 레몬즙과 향신료를 뿌린 도미회를 올리브 오일에 식초와 레몬즙을 섞어 만든 비네그레트(Vinaigrette) 소스와 함께 먹으니, 신선한 맛이 느껴지고 입안에서 뇌로 행복 시그널이 전해진다.

우리나라 횟집에서 회 먹고 남은 부위와 뼈로 끓여 나오는 매운탕과 비슷한, 세비체를 만들고 남은 도미 머리와 뼈, 그리고 조개를 넣은 스튜인 치오피노(Cioppino)는 토마토와 페퍼론치노가 들어가서 매콤하고 감칠맛이 돈다. 후~불면 날아가는 롱 그레인 밥을 자박자박하게 끓여 나온 스튜 국물에 비벼 먹으니 별미다.

맛은 '아는 맛, 그리운 맛, 그리고 위로하는 맛'이 있다고 하는데, 30년 전 런던 유학 시절 처음 맛보았던 부드럽고 고소한 양고기와 비프 케밥(Kebab)이 나와 이미 포만감을 느꼈지만, 젊은 시절의 '그리운 맛'을 느껴 보았다.

지중해식 음식에 들어간 향신료와 허브 향을 중화하는 아이스크림 디저트로 마무리하면서, 지중해식 음식도 많이 먹으면 결코 다이어트 음식이 될 수 없는 생각이 들었다.

실력 있는 세프가 정성스레 선보이는 음식을 먹는 것은 일상 가운데 특별함인데, 식재료의 신선도와 품질이 좋은 맛있는 음식을 먹는 것은 늘 특별하고 즐거운 경험이다.

해녀의 부엌

작년 제주 여행 중 공연과 다이닝을 접목한 '해녀의 부엌'을 TV 뉴스를 통해 우연히 알게 되었지만 여행 기간 중에는 이미 만석이어서 다음을 기약했는데, 연초에 운 좋게(?) 예약이 되어 이번 여행 중에 방문하게 되었다.

제주시 구좌읍 종달리에 자리한 공간은 약 30년 전에 어판장으로 지어졌고 이후 오랫동안 창고로 방치되다가, 해녀의 집안에서 태어나고 해녀들과 함께 자란 30대 초반의 한 젊은이에 의해 3년 전 공연장 겸 식당으로 재탄생하게 되었다고 한다.

한예종(한국예술종합학교) 연기과 출신의 그녀는 비슷한 연배의 예술인들과 일종의 스타트업을 결성해서, 연출, 조명, 음악, 무대 장치 등을 분담하였다고 한다. 단순히 해녀들이 잡아 온 해산물로 만든 음식을 내어놓는 식당이 아니라, 음식에 '해녀들의 진솔한 삶과 애환'이라는 스토리텔링을 덧입혀 창의적인 문화·예술 컨텐츠로 개발하였다.

가운데가 비어 있는 ㄷ자 모양의 식탁 한켠에 자리를 잡으니 이내 여성 배우 두 명이 꾸려가는 공연이 시작되고, 공연 내용에 맞추어 먼저 식전 음식으로 밀가루로 만든 술떡 같은 '상외떡'이 제공된다. 무대 화면에는 떡 만드는 장면이 나오고, 배우는 제사상에 올리는 것과 올리지 않는 것을 구분해 '상에떡', '상외떡'으로 불린다고 설명한다.

두 번째 음식으로는 쫄깃쫄깃한 식감의 뿔소라 꼬치구이가 나왔다. 껍질 표면에 튀어나온 뿔을 바위에 끼워 넣어서 제주의 거친 풍랑에서 버텨내는 소라의 특성이 거친 파도 속에서 물질하는 제주 해녀들의 강인한 생활력과 닮았다고 하는데, 뿔소라 꼬치는 제주의 혼사에는 꼭 제공되는 귀한 음식이었다고 한다.

해녀들이 힘들게 채취한 뿔소라는 그동안 제값을 받지 못하고 일본에 싼값으로 수출되었다고 하는데, '해녀의 부엌' 팀들의 노력으로 이제는 제값을 받고 온라인 판매를 하고 있다고 한다.

약 한 시간 동안 두 명의 배우가 해녀의 고달픈 삶과 애환을 이야기하듯 풀어낸 후 드디어 한상 차림이 제공되었다.

한상에는 고구마밥에 조배기(메밀가루로 만든 수제비의 제주 방언) 미역국'이 나왔는데, 조배기 미역국은 만삭인 해녀가 물질하다가 갑자기 산통이 오면 배 위에서도 출산하는 경우가 있었다는데, 그런 해녀들에게 최고의 산후조리 음식이었다고 했다.

반찬으로 나온 밍밍한 톳 무침은 몇 달 전 아내가 만들었던 으깬

두부-톳 무침 보다는 못하였지만 제주 자연산이라 신선한 느낌이 들었고, 어릴 적 부산에서는 '군수'라고 불렸던, 쫄깃하고 쌉싸름한 맛의 군소-오이무침도 맛있었다. 돔배고기(도마에 얹은 돼지고기 수육)와 신선한 제주산 갈치와 무 그리고 입맛에 딱 맞는 양념의 조합으로 완성된 갈치조림은 입안의 감각 세포 하나하나에 행복감을 느끼게 하였다.

식사 후에는 "우리한테 바다가 뭐냐고? 뭐긴, 우리 부엌이지"라고 말하는 해녀들의 진솔한 일상을 담은 브이로그가 상영되었다.

'해녀의 부엌'은 '머물고 싶은 동네가 뜬다'의 저자인 모종린 교수가 언급한 '지역, 거리, 골목의 특성을 창의적으로 살려 콘텐츠나 공간을 만들어 사업을 하고 지역 문화를 창출하는 로컬 비즈니스'의 대표적인 성공 사례인 것 같다. 또한, 수익금의 일부는 종달리 어촌계 발전기금으로 기부한다고 하니, 이들의 진정성과 노력에 박수를 보낸다.

고기리 막국수

'막국수' 이름의 유래는 여러 설說 들이 있는데, 메밀 알갱이와 겉껍질을 분리하지 않고 '막' 섞인 가루로 반죽했다 해서, 또는 반죽 후 바로 면을 뽑아 만드는 국수라고 해서 '막국수'라고 하는데, 메밀이 생산되는 강원도 지역의 향토 음식으로 알려져 있습니다.

그동안 필자가 경험했던 막국수는 거무스레한 면이 뚝뚝 끊기고, 강한 양념 맛으로 메밀향은 못 느끼고 먹곤 했었지요.

오늘 찾은 용인 골짜기 깊숙한 곳에 자리 잡은 '고기리(古基里) 막국수'는 TV '수요 미식회' 및 '식객'에서 소개되었던 유명 맛집으로, 주일 저녁 식사 시간이 좀 지났는데도, 접수를 하니 대기 시간이 30분 정도 되었습니다. 하루 700여 그릇을 판다는 '들기름 막국수'는 들기름으로 버무린 면 위에 고소한 김 가루와 참깨 가루를 얹어 나오는데, 구수한 메밀향이 느껴지더군요. 그동안 경험했던 막국수와 달리 담백하고, 면이 가늘고 쫄깃해서 후루룩 삼켜도 면이

쉬 끊어지지 않았습니다.

 함께 맛 본 비빔 막국수도 양념 맛이 강하지 않고 깔끔하였으며, 탱글탱글한 면발을 느끼며 '순삭'했습니다. 메밀 함량이 높으면 식감이 부드럽고 쫄깃함이 적어진다고 하는데, 순 메밀면으로 만든다는 이 집의 쫄깃한 면발의 비법이 궁금하더군요.

 요즘 젊은이들이 쓰는 표현으로 'JMT!'
 '손맛'이나 '양념맛'이 아닌 '음식 본연의 맛'을 내어놓는 '고기리 막국수'에 다시 와보고 싶은 생각이 들었습니다. 오늘 못 먹어 본 동동주 한 사발에 수육도 곁들이고, 식사 후에는 근처 '나인 블럭(9 Block)'에 가서 입가심으로 커피 한잔도 하고 말입니다.

For Lovers Only

    삼십 년 전 영국 유학 시절에 영어를 유창하게 하고 싶으면(Loos-en your tongue), 와인을 마셔야 한다는 지인의 꾐(?)에 빠져 와인에 입문하게 되었고, 안주로 치즈를 접하게 되었습니다. 당시 알게 된 지식으로 치즈 종류는 2000여 가지가 넘고, 만 이천 년 전 중앙아시아 유목민들이 양을 사육하면서 치즈를 만들게 되었다는 것이었지요. 또한 치즈는 신선한 치즈와 숙성 치즈로 나뉘는데, 신선한 치즈는 리코타, 모짜렐라 치즈 등이 있고, 숙성 치즈는 단단한 경질 치즈와 부드러운 연질 치즈로 나뉘게 됩니다.

    어제는 지인들과 르꼬르동 블루 출신의 Anthony Cho 세프가 운영하는 이태원 '치즈 플로(Cheese flo)'를 찾았습니다.
    프로슈토(Prosciutto)와 함께 치즈 스프레드를 바른 식전 빵을 시작으로, 이어서 나오는 독특한 치즈 요리의 향연에 점점 빠져들었습니다.

애피타이저로 나온, 액화 질소로 얼린 염소(goat) 치즈는 절인 배와 으깬 피스타치오로 염소젖 특유의 구린내를 잡았지요.

누군가가 뀐 방귀로 냄새가 날 때 쓰는, "Who cut the cheese?"란 말은 이곳에서는 더 이상 쓰면 안 될 것 같았습니다.

감자수프에는 짭조름한 콜드컷 햄과 꽁떼(Chomte) 치즈의 스모키한 향이 은은하게 녹아 있었습니다.

이곳의 시그니처 메뉴인 부라타 치즈 샐러드는 아기 주먹만 한 주머니 형태의 쫄깃한 모짜렐라 외피 안에서 눅진한 치즈가 흘러나오더군요.

돼지고기로 만든 살루미(Salumi)와 함께 나온 치즈는 크림 브리(Brie), 꽁떼 그리고 탈레지오(Taleggio)였는데, 브리(Brie) 치즈는 프랑스 북부 브리 지역에서 나는 치즈로, 솜털 같은 흰 곰팡이가 덮여 있고 껍질 안에는 부드러운 크림 같은 연질 치즈가 들어 있지요.

적당한 고린내가 나는 탈레지오를 올리버, 살루미와 함께 먹으니, 깊고 풍부한 맛을 내는 조합이 되더군요.

숯불에 구운 새우 샐러드, 갑오징어와 새우가 들어간 오일 파스타로 이미 포만감을 느꼈지만, 와인이 남았기에 추가로 시킨 안주는 치즈 플레이트!

푸른곰팡이가 골고루 자란 스틸턴 블루 치즈는 짠맛과 감칠맛이

나더군요.

  과일을 곁들인 고소하고 크리미한 치즈 아이스크림 샌드위치로 눈과 입이 즐거웠던 저녁 식사를 마무리하였습니다.

  치즈 요리의 마법에 걸려 신세계를 만났던 저녁식사를 마치고 돌아오는 차 안에서 치즈 플로의 'FLO'란 치즈를 좋아하는 'For Lovers Only'가 아닐까 생각하였습니다.

우동의 맛

면식 수행(麵食 修行)을 하다가 우연히 알게 된 강남역 근처의 기리야마 본진(本陣)을 소개합니다.

윤기가 나는 우동 면은 수타(手打)로 뽑아내어 면발이 부드럽고 탱탱하여 자연스럽게 '후루룩' 소리 내어 흡입하게 됩니다. 따끈한 국물은 추운 겨울이 돌아오면 온몸을 따뜻하게 녹여줄 것 같았고, 다시마와 말린 다랑어를 우려내어 진하고 뒷맛이 깔끔하여 '위로받는 맛'을 느끼게 됩니다. 우동 사발의 크기가 적당해서 양손으로 사발을 감싸고 남은 국물까지 들이키며 깨끗하게 비우게 됩니다.

양배추 채를 깔고 나온 '돈카츠'는 어릴 때 먹었던 '그리운 맛'이었습니다. 겉은 바삭바삭한데, 두툼하고 뽀얀 속살은 촉촉한, 소위 '겉바속촉'이었지요.

'기리야마'는 도쿄 오쿠타마에 있는 100년 전통의 우동 명가 가

문의 이름이라고 합니다. 주인장은 연세대를 졸업하고 1996년 외무 고시를 패스한 후 직업 외교관으로 봉직 하다가 도쿄에 있는 '기리야마'를 알게 되면서 퇴직하고 2012년 강남역 인근에 우동집을 차린 특이한 이력이 있더군요. '맛은 인간과 자연의 직거래가 되어야 한다'고 하는데, 주인장은 어느 인터뷰에서 "사람을 위하고 자연을 아끼는 마음을 한 그릇의 우동에 담았습니다."라고 우동에 대한 남다른 진심을 밝혔지요.

우동의 신세계에서 순도 100%의 행복을 느껴 보시려면 '줄 서는 식당'인 '기리야마 본진'을 추천합니다.

다시 한 번 가서 다른 음식을 맛보고 싶은데, 함께 가실래요?

오스트레일리아Australia 음식 기행 2022

4전 5기 만에 어렵게 오게 된 호주의 금번 여행지는 골드 코스트(Gold Coast)와 시드니(Sydney)인데, 앞으로 일주일간의 '치팅 위크(Cheating week)' 동안 필자를 기다리고(?) 있을 호주의 산해진미 요리들과 이를 즐길 여정에 사뭇 기대가 된다.

골드 코스트 첫날 저녁에는 숙소 근처에 피자가 맛있다는 구글 평점 4.7의 이탤리안 레스토랑 알프레스코(Alfresco)로 향했다. 직원이 추천한 크로모 피자(Crommo's Pizza)의 페퍼로니와 올리브의 짭짤한 맛은 신선한 새우와 버섯과 함께 입안에서 섞이면서 적절한 균형감을 느낄 수 있었다. 크림과 토마토소스 베이스의 Boscaiola 파스타는 베이컨, 버섯, 양파의 조화가 오묘했다.

함께 주문한 와인은 바로사 밸리(Barossa Valley)의 쉬라즈(Shiraz) 품종의 레드 와인이었는데, 넉넉한 질감과 함께 블랙 베리,

체리 그리고 후추향이 느껴진다. 19세기에 프랑스 론 지방의 쉬라(Syrah) 포도나무를 호주에 옮겨 심었는데, 발음이 비슷한 이란의 고도(古都) 쉬라즈 이름을 따서 붙이는 바람에 프랑스와 호주 포도가 서로 다른 품종이라는 오해가 한동안 있었지만, 유전자 검사를 통해서 같은 품종임을 확인했다고 한다.

둘째 날 저녁 식사로 추천받은 테판 야키(Koo Koo Tepan Yaki) 식당에서는 식전부터 셰프의 현란한 칼춤과 웰컴 불쇼로 손님들을 즐겁게 했다. 구수한 버터향 나는 치킨, 쇠고기 안심, 새우, 야채볶음에 이어서 이미 배가 불렀지만, 볶음밥으로 마무리했다. 셰프는 슈가케인 가루로 철판 위에 Happy holiday! 글자를 써놓는다.

셋째 날 디너로 허리케인 그릴(Hurricane Grill)에서 호주 맥주 4X와 Beef Rib을 맛보았다. 손으로 잡고 뜯어 먹는 원초적인 즐거움이 있었는데, 커다란 뼈와 고기가 잘 분리되었고, 양념이 적당히 배어 있어서 감칠맛이 났다.

넷째 날 시드니로 이동한 후 저녁 식사를 위해 컨시어지 추천으로 호주 고기 체인점 The meat & wine company에 갔다. 선택한 메뉴는 고기 모양이 뉴욕주 같이 길게 생겨 이름이 붙은 뉴욕 스트립(striploin, 채끝살) 스테이크로, 육즙이 풍부하고 부드러운 식감을 느낄 수 있었다.

 다음 날 저녁 디너는 The Morrison's restaurant & bar에 가서, 영국 국왕 찰스 2세가 먹고 그 풍미에 감격하여 'Sir' 작위를 준 일화로 유명한 등심 스테이크(Sirloin steak)를 주문했다. 호주인들이 좋아한다는 블랙 앵거스 스테이크(Black Angus steak)를 맛보았는데, 검은 소, 누런 소의 차이를 느끼지는 못했다.

 그동안 점심은 샌드위치나 피시 앤 칩스(Fish & Chips) 등으로 간단히 때웠는데, 여섯째 날 점심은 1945년에 오픈한 후 수많은 셀럽들이 방문했다는 스트리트 푸드 트럭인 해리스 카페(Harry's café)에 가서 타이거 미트 파이(Tiger Meat pie)와 매콤한 핫도그를 맛있게 먹었다. 간 고기 소스에 감자와 콩 소스가 합쳐져 독특한 맛을 제공하였고, 함께 나온 감튀(감자튀김)도 바삭바삭하고 짭조름하여 역대급으로 맛있었다.

 저녁에는 숙소에서 가깝고 구글 별점이 높은 Bopp & Tone이라는 식당에 갔다. 필자가 좋아하는 가지(eggplant) 요리는 식당 주문에서 실패한 적이 없는데, 전채로 선택한 가지 요리를 바삭바삭한 크래커에 크림과 함께 얹어 먹으니, 창의적이고 새로운 맛으로 화답한다. 메인으로 주문한 랍스터(Lobster) 구이의 속살은 부드러우면서 탱글탱글하였고 버터로 구워서 고소하였다.

마지막 날 점심으로 블루마운틴 근처 로라 마을(Laura village)에 가서 캥거루 고기로 만든 K-burger를 맛보았는데, 패티가 다소 퍽퍽하고, 육즙도 풍부하지 않아서 크게 맛있는 버거는 아니었다.

저녁 일몰 시간에 맞추어서, 캡틴 쿡 디너 크루즈(Captain Cook Sunset Dinner Cruise)를 타고 담백한 농어찜(Barramundi fillet)으로 마지막 저녁 식사를 했다. 붉게 흔들리는 바다와 석양은 뭍에서 보는 것과 다른 분위기였다. 크루즈에서 못 마신 샴페인은 그날 밤 오페라 하우스 발코니에서 바다를 바라보며 마셨다.
항구를 에워싼 빌딩에서 뿜어내는 각색의 빛들로 인해 연안은 마치 빛들이 모여 사는 숲처럼 보였고, 빛들은 시나브로 어둠이 내려앉은 시드니 앞바다 파도를 따라 휘젓고 비추었다.

다음 날 아침 공항 면세점에서 바로사 밸리의 펜폴즈(Penfolds, Shiraz, 2019)를 한 병 구입했다. 와인 셀러에 2년간 숙성한 후, 호주산 쇠고기 스테이크 잘하는 식당에 갖고 가서 와인잔을 기울이며 사랑하는 아내와 2년 전 '추억으로의 여행'을 다녀 올 수 있으리라 기대해 본다.

오스트레일리아Australia 음식 기행 2022

묘미 妙味 레스토랑

창덕궁이 훤히 내려다보이는 아라리오 건물 5층에 자리한 묘미 妙味 레스토랑은 미슐랭 1스타의 한식 파인 다이닝이다. 안내받아 자리에 앉으면 음식을 먹기 전부터 양쪽 창으로 내려다보이는 도심의 숲에 먼저 푹 빠지게 된다.

이곳의 대표는 2015 제네시스 쿠페 챔피언십과 2016년 슈퍼레이스에서 우승한 경력이 있는 카 레이서 서주원 님으로, 요리에 대한 깊은 관심으로 메인 셰프 김정묵 님과 함께 묘미의 레시피 개발, 코스 구성, 재료 선정 등을 함께 해 나간다고 한다.

소믈리에가 추천한 와인 페어링 코스로 정하고, 음식에 앞서 맛본 첫 와인은 프랑스 루아르 계곡산 화이트 와인으로 드라이하고 미네랄 향이 전해진다.

말린 갈색 보리와 함께 플레이팅 하여 가을 느낌을 물씬 풍기는 첫 요리, 아뮤즈 부쉬는 가득 찬 연기 향을 입히는 이색적인 퍼포먼

스로 입과 눈을 즐겁게 하였고, 햇볕에 말리고 갈무리한 호박을 조청과 꿀을 섞어 만든 호박 정과와 나뭇잎으로 예쁘게 장식된 전어는 가을을 느끼게 하였다. 이어 나온 미니 버거는 미니어처 분재처럼 귀엽고 앙증맞아서 한입에 넣기가 공연히 아깝고 미안한 느낌이 들었다.

  토마토, 참치를 이용한 붉은 색감의 요리는 작은 꽃과 잎으로 장식하여 한 송이 꽃을 보는 듯한데, 셰프가 나와 따라준 국물과 함께 먹으니, 맛은 물론 식감이 부드럽고 포근해서 필자의 마음을 살살 녹인다.

  촉촉한 국물을 머금은 고로켓 모양의 닭, 새우 요리, 뱅어포를 두른 제철 생선 요리로 이미 포만감을 느꼈고, 이어서 나온 돼지국밥 국물은 살코기를 푹 삶아 우려내었는지 국물이 맑은데도 온 우주의 맛을 담은 듯 깊고 진하다.

  저민 호박으로 만든 한송이 꽃의 도움을 받은 오리 요리와 아스파라거스, 연근 등의 도움을 받은 한우 스테이크 모두 맛도 훌륭했지만, 그에 더해 식재료의 창의적인 조합으로 이룬 후안미로(Joan Miro)의 그림 같은 플레이팅이 더 감동적이었고, 함께 한 레드 와인의 향이 입안을 감싸준다. 이어서 나온 매실 동치미는 시간을 절여 만들었을 국물을 얼려 향기로운 샤벳(sherbet) 식감으로 개운하게 입안을 가셔준다.

디저트로 나온 망고와 다과로 맛있고 행복한 저녁을 마무리하였고, 정성이 느껴지는 묘하고 독특한 맛의 음식을 내어놓는 묘미 레스토랑은 '음식은 눈으로도 먹는다.'는 말을 되새기게 하는 멋진 공간이었다.

몬안베띠

 필자의 고향 부산은 겨울에도 그다지 춥지가 않아서, 유년기의 기억 서랍 속에는 눈 내리는 겨울은 거의 없었습니다. 오늘처럼 새벽부터 눈 내리고 갑자기 추워진 겨울날 저녁에는 따끈한 국물의 쌀국수가 생각나기에, 면식 수행지(麵食 修行地)로 서초동 몬안베띠(Monanpetit)를 찾았습니다. 베트남어 '요리'와 프랑스어 '맛있게 드세요'의 합성어인 '몬안베띠'에서 식객(食客) 부부가 먼저 선택한 음식은 '수비드 삼겹 쌀국수'입니다.

 수비드(Sous-vide)는 고기를 비닐로 진공 포장한 후 끓는 점 이하의 저온에서 오래 익히는 조리 방법으로, 식감이 부드럽고 육즙이 고기 속으로 배어들어서 풍부한 육즙을 느낄 수 있지요. 삼겹살, 양파, 파, 숙주와 함께 윤기 나고 부드러운 쌀국수 면을 흡입하니, 이들의 환상적인 조합에 금방 감동하게 됩니다. 이어서 사발을 양손으로 잡고 뜨끈한 국물을 들이키니, 색깔은 맑은 데도 깊고 진한 풍미와 따뜻한 온기가 몸속으로 전해지고, 밖은 겨울인데도 위와 창자 속에는 봄이 오더군요.

'로제 해산물 쌀국수'는 토마토소스에 하얀 생크림을 섞어 만든 '로제(rose)소스를 기본으로 홍합, 새우, 게 등 각종 해산물과 야채를 우려내어 국물이 크리미하면서도 맵고 얼큰하여 해장용으로도 좋을 듯하더군요. 고급스럽고 신선한 맛의 조합으로 자주 먹어도 질리지 않을 것 같았습니다.

사이드 디시(Side dish)로 주문한 '표고버섯 짜조(Cha Zio)'와 '오징어 짜조'를 스위트 칠리소스에 찍어 먹으니 이 또한 별미였네요. 일종의 튀김만두라서, 맥주 안주로도 좋을 것 같더군요.

다이어트를 고민할 때, 베트남 쌀국수는 속은 든든해지고 살은 안찔 것 같은 음식이 아닐까 합니다.
요즘 같은 추운 겨울 날씨에 따끈하고 얼큰한 국물의 베트남 쌀국수 한 그릇 어떠신가요?

히츠마부시

 십여 년 전 학회차 방문한 일본 나고야에서 방문했던 나고야 성(城)과 정원도 추억의 한 페이지를 차지하고 있지만, 기억의 서랍 한켠에 고이 간직하고 있었던 것은 '장어 덮밥(히츠마부시, ひつまぶし)'의 환상적인 맛이었다.

 '줄 서는 식당'인 청담동 해목(海木)은 강남의 빌딩 사이에 일본 감성을 느끼게 하는 목조 건물과 아기자기한 정원 조경으로, 오랜만에 '히츠마부시'를 제대로 맛볼 수 있을 것 같은 기대를 갖게 하였다. 이곳은 바닷바람이 불어오는 강 하구에서 잡은 민물 장어에 비법의 간장소스를 발라서 숯불에 정성스레 구워 내는데, 진한 카라멜 색의 '히츠마부시'를 보는 것만으로도 감탄사가 연달아 나왔다. 껍질 쪽은 바싹 구워내고 살은 부드럽게 익혀내어 오묘한 식감을 느낄 수 있었고, 훈연의 향도 풍부하게 느낄 수 있었다.

 먼저, 히츠마부시를 4등분하여 특제소스가 잘 배인 장어와 밥을

함께 먹으며 장어 본연의 맛을 즐긴 후, 깻잎, 김, 실파, 그리고 와사비와 함께 비벼 먹고, 다음으로 오차즈케(お茶漬け)에 말아 먹는 순서로 먹으면서 행복지수가 한층 올라갔다. 남은 4분의 1은 먹어 본 세 가지 중 기호에 따라 선택하여 먹으면 되는데, 필자는 오차즈케에 말아 먹으며 클리어했다.

오랜만에 마음 깊은 곳에 잠재해 있던 나고야 '히츠마부시' 맛의 기억이 되살아나며 이곳 해목(海木)과 자연히 비교가 되었다. 입안에서 살살 녹았던 나고야 '히츠마부시' 보다는 좀 더 쫄깃한 식감이었고, 밥이 고슬고슬하고 윤기가 나는 나고야 쌀밥과는 다소 차이가 있었지만, 그래도 백 점 만점에 팔십 점 이상은 주고 싶은 식당이었다.

조만간 다시 이곳에 와서 카이센동(海鮮丼, かいせんどん)도 맛볼 수 있기를 기대하며, 언제 기회가 되면 부산 해운대 본점에도 가 보고 싶다.

목도 양조장을 아시나요?

나이가 들수록 남는 것은 추억과 오래된 벗(고우, 故友)이라고 하지요.

산야에 파스텔 톤의 산수유 꽃이 어렴풋하게 번져가는 지난 주말에 고우들과 함께 충북 괴산에 소재한 '목도 양조장'을 찾았습니다. 막걸리는 지역마다 만들어 내기에 하늘의 별만큼 종류가 다양하겠지만, 입맛에 맞는 막걸리를 만나기는 쉽지 않지요.

공기가 맑고 물 흐름이 순해서 온화한 느낌이 드는 괴산의 목도 양조장 입구에서 우리 일행을 반갑게 맞이하는 대표와 먼저 인사를 나누었습니다. 대표는 창업주 3세의 남편인데, 영상의학과 교수로 정년퇴임하고 부인의 고향인 괴산에 와서 손수 직접 누룩을 찌고 술을 빚으며 시간을 절이고 있다고 하더군요.

백 년 된 양조장이 우리나라에서 네 군데밖에 없다는데, 원형을 그대로 보존하여 충청북도 문화재로 등록되었다고 합니다. 지나는

길에 무심코 돌아보게 하는 여인의 향기처럼, 풍기는 술 익는 향으로 자꾸만 주위를 돌아보게 되고, 서대신동 고향집 골목에 자리했던 술 도가(都家)로 잠시 추억으로의 여행을 다녀오기도 했습니다.

투어 후에는 6.5%의 생 막걸리를 시음하였습니다. 막걸리 한 사발에는 속리산에서부터 내려오는 맑은 계곡물의 기운이 녹아 있었

는데, 위스키처럼 비싸거나 와인처럼 화려하지도 않았습니다. 텁텁하지 않고 벨벳 같은 부드러운 감촉과 목 넘김이 좋았으며, 그다지 달지 않고 담백한 맛이 났습니다. 이날 저녁은 벗들과 삼겹살을 먹으며 낮에 사온 '목도 생 막걸리'병을 비웠습니다.

젊었을 때 즐겨 불렀던 권주가(勸酒歌) 구절이 저절로 나오더군요.

"친구야
저 산 너머에
오색 무지개 따러 가자
산봉우리 이끼를 따다
향기로운 술 걸러서
오색 무지개 안주를 삼아
거나하게 취하여 보세.
(중략)
깨고 나면 모든 게 헛된 것
빛깔도, 향기도 사라져 버리고
인생이 별것이더냐
뛰고, 웃고, 울어 보세"

고우들과 한 조각 추억을 빚은 주말이었습니다.

감자적 1번지

 시골길 여기저기에 하얗고 예쁜 감자꽃들이 수수하게 얼굴을 내미는 5월의 마지막 주말에 지인들과 강원도 강릉을 찾았다. 점심 식사로 선택한 메뉴는 '감자 요리'였고, 검색을 해보니, '감자적 1번지'가 유명한 맛집이라고 한다.

 '옹심이'는 '새알심'의 강원도 사투리인데, '새알'은 어릴 적 동짓날 팥죽에 들어 있던, 나이만큼 먹으면 나이를 한 살 더 먹는다고 좋아했던(지금과는 달리) 그 '찹쌀 알갱이'이다. 감자옹심이는 감자를 갈아서 동그랗게 빚어 멸치 육수에 끓인 강릉 향토 음식인데, 고소한 맛에 쫀득하면서 서걱거리는 식감에 입안에서 행복 시그널이 피어오른다.
 '감자적'은 '감자전'의 강릉 지역 말이라는데, 강판에 직접 갈아서 부드럽지만 쫄깃한 식감이 느껴지고, 감자 본연의 고소한 맛이 더해져 저절로 엄지 척이 나온다. 갓 부쳐낸 따뜻한 감자적에 강릉

산 시원한 생 막걸리를 자연스럽게 한 사발 걸치게 된다.

　도토리 들깨 수제비는 도토리의 쫄깃한 식감에 고소한 들깨향이 잘 어우러져서 순식간에 국물까지 클리어했다. 음식들이 다 고소해서 느끼하지 않을까 고민할 필요도 없이 뒤이어 나온 고추장 양념의 얼큰하고 진한 국물의 장칼국수는 입안을 개운하게 하는 별미이고, 감자 음식들과 환상적인 조합을 이루었다.

　일상을 살맛나게 해주는 것들 중 하나가 여행 간 지역의 '찐 맛집'에 가서 향토 음식을 맛보는 것이 아닐까 한다. 덤으로 '착한 가격'이면 더할 나위 없을 듯하다.

한여름 보양식

'보양(保養)'이란 단어의 사전적 의미를 찾아보니, 건강을 보전하여 활력을 기른다는 뜻이네요. '보양식'은 의학적으로는 별로 근거가 없고 그 효능을 동의할 수는 없지만, 필자에게는 봄 쭈꾸미, 가을 전어처럼, 한여름 찌는 듯한 무더위에는 통과 의례로 한번쯤 먹어 보는 음식입니다.

필자가 선택한 금년 여름의 보양식은 염소 요리입니다. 염소 고기는 다른 고기들에 비하여 지방 비율은 낮고 흡수율이 높은 단백질 비율이 높다고 합니다. 지인의 소개로 찾은 서초동 법원 근처 '속리산 염소 요리'집에서 수육과 전골을 주문하였더니, 깔끔한 밑반찬과 함께 특제 양념장이 나옵니다. 양념장은 고추장, 겨자, 참기름, 마늘, 들깨를 섞어 놓은 것 같은데, 젓가락으로 골고루 섞어 맛있게 먹을 준비를 했습니다. 곧이어 나온 수육을 살짝 데친 부추와 함께 양념장에 찍어 먹는데, 잡내도 없고 부들부들한 식감이 좋았습니다. 수육 삶을 때 잡내를 어떻게 없애는지 주인에게 물어보니, 할머니만 아는 영업 비밀이라고 알려주지 않더군요.

이어서 나온, 국내산 흑염소 고기를 푹 고아 끓인 육수에 깻잎, 방아잎, 부추, 양파, 대파 등 각종의 신선한 야채를 듬뿍 넣은 전골의 먹음직스러운 비주얼에 우선 감탄했지요. 수육과 달리 육질은 쫄깃하였고 금방 보글보글 끓은 국물은 진하고 고소하였으며, 이전에 먹어 본 보신탕 맛과 흡사하였습니다.

이미 포만감을 느꼈지만, 자작자작 졸아든 국물과 김가루, 미나리를 비벼 만든 볶음밥으로 대미를 장식하였습니다.
'40살이 되기 전 흑염소 세 마리만 먹으면 죽기 전까지 잔병치레

없이 건강하게 산다'는 속설이 있다는데, 육십 넘어 먹은 사람에게도 조금이라도 효능이 있는지 모르겠습니다.

칼로리가 높아서 체중 관리에 도움은 안 되지만, 왠지 기운이 나고 활기가 샘솟는 기분이 드는 걸 보니, 염소 요리는 보양식이 맞는 것 같습니다.

해남 천일관

화려한 색의 수입 꽃보다는 수수한 야생화를 좋아하는 필자는 깔끔하고 세련된 일식이나 기름지고 화려한 중식과 달리 정갈한 맛을 즐길 수 있는 음식은 한식이라고 생각한다.

지난주 지인들과 함께 찾은 식당은 반포동 뒷골목에 자리 잡은 백 년 노포 '해남 천일관'이다. 입구 탁자 위에 진열한 흑백 사진들로 3대째 한식 요리의 노하우를 이어오고 있는 식당임을 자랑하고 있다.

'좋은 맛은 좋은 식재료에서 나온다'는 말이 있듯 메뉴판에 원산지가 대부분 남도의 신선한 식재료를 사용했다고 명기되어 있다.

식전 먹거리로 낙화생, 고구마와 함께 나온 순천만 대갱이는 비린내가 없고 고소하다. 짱뚱어와 함께 청정 순천만 뻘 속을 휘젓고

다녀서인지 기름기가 적고 담백하다. 남해 실치 무침은 갈치 새끼를 3일 동안 구웠다 말렸다를 반복한 후 무쳤다고 하는데, 적당한 양념에 씹는 맛이 더해져 함께 나온 해남 막걸리 안주로 딱이다.

남도에서는 홍어 빠진 잔치는 아무리 잘 차렸어도 먹을 것 없는 잔치라고 한다는데, 톡 쏘는 강렬한 암모니아 향 때문에 홍어를 그다지 즐기지 않는 필자를 배려(?)해서인지, 덜 삭힌 홍어와 돼지고기 수육, 그리고 묵은 김치의 삼합에 젓가락이 자주 간다. 신선한 홍어 애는 푸아그라 맛이 난다. 한우 육전과 갈빗살을 잇고 뭉쳐서 양념 없이 참숯에 구워 낸 한우 떡 갈빗살로 이미 포만감을 느끼는데, 뒤이어 나온 초대형 목포 먹갈치 통구이의 탱탱하고 부드러운 살로 젓가락을 멈출 수가 없다.

식사 반찬으로 나온 12첩 상의 김치, 나물, 젓갈에는 남도의 따뜻한 햇볕, 흙, 해풍이 녹아들어 있고, 모두 시간과 정성을 절여 만든 반찬들이다.

기계적 제조 과정을 거치지 않고 자연과 직접 교감하며 빚어지는 맛의 질감을 느끼게 하였던 해남 천일관 밥상 덕분에 지인들과 행복한 저녁을 보냈다.

베이글

베이글(Bagel)은 유대인들의 언어로 반지, 고리를 뜻하는 beygl에서 유래되었으며, 17세기 폴란드의 유대인 제빵사에 의해 처음 만들어졌다고 한다. 베이글에는 버터, 우유, 설탕 등이 들어가지 않고 칼로리가 비교적 낮아서 건강식으로 알고 있다. 몇 년 전 뉴욕에 여행 갔을 때 Brooklyn Bagel & Coffee Company에 가서 세련된 (?) 뉴요커('뉴욕 인싸')처럼 베이글과 커피로 아침 식사를 했던 기억이 난다.

방배동 내방역에서 가까운 '보스 베이글 웍스(Boss Bagel Wor

-ks)'는 가게 외관이 일본풍인데, 포장지, 쇼핑백에도 상호가 일본어로 쓰여 있다. 이곳에는 프랑스산 프리미엄 밀가루를 사용한다고 하는데, 저온 숙성후 고온의 화덕에 단시간 구워 내어서인지 부드러우면서 쫄깃한 식감을 느끼게 한다. 메뉴판에는 치즈, 감자, 팥, 버터, 초코 등 다양한 종류의 베이글이 있어서, 담백한 플레인 베이글에 크림치즈를 발라 먹는 기본을 넘어 다양한 베이글을 맛볼 수 있었다.

'줄 서는 식당'인 보스 베이글 웍스에 가서 앉을 자리가 없으면, 베이글을 Take-out한 후, 건너편 '태양 커피'집에 가서 등받이 없는 긴 의자에 걸터앉아 통창으로 쏟아지는 햇볕을 등에 이고, 맛있는 커피와 함께 갓 구워 따뜻하고 쫄깃한 베이글을 먹어도 된다. 한번 나들이에 '핫플' 두 군데를 가는-전문용어로 '일타쌍피(一打雙皮)'-인 셈이다.

다음에 정년퇴임을 하면, 집에서 베이글을 만들어 보는 꿈을 꾸어 본다. 갓 구워낸 빵이 주는 행복감을 만끽하고 싶다.

사족) 주차 공간이 없어서 인근 공영 주차장을 이용해야 한다.

III. 시

플라타너스 예찬

살을 에이는 듯한 추위와
땡볕과 더위를 견뎌내고
거센 비바람 흔적을
서각書刻처럼 새겨 넣고
너는 해독할 수 없는 무늬를 남겼구나.

지난 봄 연두의 새순을 내더니
어느새 넓고 무성해진 잎으로
한여름 땡볕을 가려주고

늘 그 자리 지키며
건널목 신호등 바뀌기 전 잠시나마
너는 시원한 그늘을 만들어 주는구나.

제라늄을 위하여

지난봄부터 가을까지
붉은 꽃잎들 피고 지기를 잇대고

수런거리는 바람이 꽃잎을 흔들면
향기는 바람에 실려 집 안으로 들어와
주인의 고단한 마음을 어루만지지요

가을비 그치고 찬바람이 불어와서
붉은 꽃잎 구메구메 떨어지면

싱그러운 내음 가슴속에 새기며
아쉬운 이별 준비를 해야 하지요

*꽃말: 그대의 행복, 진실한 애정

고라니에게

소복이 쌓인 흰 눈 위로
오소소 남긴 발자국을 따라가니
소녀가 막 세수하고 나온 듯한 표정으로
초롱초롱한 눈망울의 그대

뒷산에서 내려온 불청객이지만
눈발이 땅의 품 안으로 녹아들 때까진
한겨울에도 초록 초록한 맥문동이나마
허기진 배를 채우고 가렴

오륙도 (五六島) 산책길에서

바다의 품을 떠난 지 수십 년 만에
관념 속에만 있던 섬 가까이에 왔습니다.
섬은 늘 그 자리 그대로 있어 왔지만
나그네의 마음은 단순함에서 복잡하게 변했습니다.

거친 바람에 파도는 끝자락 섬부터 물보라를 하얗게 끼얹고
바위 절벽에 부딪히며 내는 파도 소리는
갈매기들의 끼룩끼룩 울음소리마저 삼켰습니다.

가까운 섬과 먼 섬이 포개져서
여섯 개인지 세는 것을 포기하게 되고
아침 바다 안개가 곳곳에 퍼져
고단한 나그네의 마음을 솜이불처럼 덮어주며 위로합니다.

동일한 리듬이 반복하는 라벨의 볼레로처럼
매일 아침 눈부시게 떠오르는 해운대 앞바다 해는
밝음과 희망이라는 선물을 한 아름 안고 떠오르고 있었습니다.

오륙도 (五六島) 산책길에서

박수근 선생의 '나무와 두 여인'을 감상하며

앙상한 물푸레나무 가지 아래
똬리에 빨래 광주리를 머리에 얹고
무심하게 지나는 아낙네

해 저물 무렵까지 놀이하던 아들에게
어서 밥 먹으라고 힘차게 부르던
엄마 목소리가 들리는 듯 그립습니다.

기진한 삶 속에서 한마디 말도 없이
깊게 패인 주름살과 두툼한 손으로
손주를 포대기에 싸서 업은 할미

서대신동 길가 졸졸 물 흐르던 또랑과
일백 미터 남짓 조붓한 골목길 풍경이
다문다문 기억납니다.

박수근 선생의 '나무와 두 여인'을 감상하며

장맛비 풍경

빗물 흠뻑 먹은 아스팔트는
잿빛 하늘에 대비하여
더욱 진해 보이고

자동차는 물탕을 튀기며
음표를 만들고
어디론가 분주하게 달린다

철거를 앞둔 아파트 벽의
목을 축인 담쟁이덩굴은
초록색 물결처럼 뻗어 나가고

세찬 장맛비에 우산을 써도
신발은 젖고 바지도 젖고
추억에 젖는다.

잘 생긴 모과
(부제: 서울 아트쇼에서 만난 '가을 향기')

 스쳐 지나가는 숱한 그림들 중에
은은한 향기에 이끌려
가던 발걸음 멈추게 하는
잘 생긴 모과

자루도 없이 가지에 딱 달라붙어
그림 속에서 튀어나올 것 같은
아기 얼굴만 한 크기의
잘 생긴 모과

그 앞에 우두커니 서 있다가
주렁주렁 매달린
노란 모과들을 뚝뚝 따서
가슴에 담아본다.

일 년 내내 그윽한 향에 취할 것 같다.

▲ 이성주 作 가을 향기

동백꽃

간밤에 내린 눈이
동백 짙푸른 잎과 붉은 꽃잎에
소복이 쌓여 있다

가까이 가서 보니
붉은 꽃잎은 흰 눈을 반쯤 뒤집어쓴 채
빼꼼히 얼굴을 내밀고 있다

수런거리는 바람결에
하얀 눈을 후드득 털어내고
꽃송이 채 툭툭 떨어지니
땅에서 동백은 다시 붉게 피어난다.

액자 속 사진처럼

초판 1쇄 발행 2024년 10월 2일

저자 박효진

펴낸곳 큰집
편집/표지디자인 리림

주소 경기도 광명시 너부대로57, 203호
전화 02-2282-3433
이메일 taehagdang@naver.com
신고번호 제 390-2024-000011호

ISBN
가격 13,000원

잘못 만들어진 책은 구입처에서 바꾸어 드립니다.
이 책의 저작권법에 따라 보호를 받는 저작물이므로 무단 복제 및 무단 전재를 금지합니다.
이 책의 내용 전부 또는 일부를 이용하려면 반드시 저작권자와 큰집 출판사의 동의를 받아야 합니다.

「이 도서의 국립중앙도서관 출판예정도서목록(CIP)은 서지정보유통지원시스템 홈페이지(http://seoji.nl.go.kr)와 국가자료공동목록시스템(http://www.nl.go.kr/kolisnet)에서 이용하실 수 있습니다. (CIP제어번호: CIP2016027905)」